企业 Enterprise
危险废物管理指南

Hazardous Waste Management Guide

马倍战　著

法律出版社
LAW PRESS·CHINA
北京

图书在版编目(CIP)数据

企业危险废物管理指南 / 马倍战著. -- 北京 : 法律出版社, 2022

ISBN 978 - 7 - 5197 - 6681 - 8

Ⅰ. ①企… Ⅱ. ①马… Ⅲ. ①危险废弃物 - 废物管理 - 环境保护法 - 中国 - 指南 Ⅳ. ①D922.683 - 62

中国版本图书馆 CIP 数据核字(2022)第 069510 号

企业危险废物管理指南
QIYE WEIXIAN FEIWU GUANLI ZHINAN

马倍战 著

责任编辑 慕雪丹 章 雯
装帧设计 李 瞻

出版发行 法律出版社
编辑统筹 法商出版分社
责任校对 赵明霞
责任印制 胡晓雅
经　　销 新华书店

开本 710 毫米 × 1000 毫米 1/16
印张 9 **字数** 138 千
版本 2022 年 8 月第 1 版
印次 2022 年 8 月第 1 次印刷
印刷 固安华明印业有限公司

地址:北京市丰台区莲花池西里 7 号(100073)
网址:www.lawpress.com.cn
投稿邮箱:info@lawpress.com.cn
举报盗版邮箱:jbwq@lawpress.com.cn

销售电话:010 - 83938349
客服电话:010 - 83938350
咨询电话:010 - 63939796

书号:ISBN 978 - 7 - 5197 - 6681 - 8
定价:49.00 元

凡购买本社图书,如有印装错误,我社负责退换。电话:010 - 83938349

一本管用的“危险废物管理教材”

（代序）

当下，干企业的不容易，环保部门也不容易。许多企业因危险废物管理不当，被罚款、停业、关闭，被要求承担民事责任，甚至被追究刑事责任。这也给环保执法人员带来风险，可能被问责、被查办。危险废物管理是一个环保问题，是一个法律问题，也是一个风险问题。

那么，企业如何才能做好危险废物管理，避免出现不可承受的风险，确保企业依法合规生产经营呢？

我一直在思考环境执法监管与企业守法如何平衡的问题。本人从事环保工作近三十载，在国家环保机关工作过，也在地方厅局挂职分管过法规工作，近年来又到协会工作，专门主持成立了危废专委会，考察了几十家危废相关企业，拜访了各级生态环境主管部门，逐步加深了对危险废物管理的重要性和迫切性的理解。我与马倍战律师相识于地方环保工作中，作为律师，他主要为企业维权，常常是我们行政管理者的“对立面”，可谓“不打不相识”。一个健康的环境法治环境应该是执法与被执法的动态平衡，不能一方“独大”，所以我很乐意与律师打交道，不断改进我们的行政执法工作，避免违法行政的漏洞。这次，当我看到马倍战律师发来的书稿，非常高兴，书里有企业面对危险废物管理难题所需要学习和掌握的东西，写得通俗易懂，也有浓厚的法治味道。

《企业危险废物管理指南》内容比较全面，阅读体验较好。全书共分六章，第一章“危险废物管理基础”，介绍了危险废物、企业危险废物管理的基本概念，以及与危险废物有关的法律行为、基本知识，是企业危险废物管理的基础。第二章“危险废物属性管理”，从法律角度而非技术角度定义了危险废物的法律属性，介绍了危险废物法律属性鉴别，以及危险废物豁免管理、危险废物排除管理等相关规定。第三章“危险废物行为管理”，介绍了危险废物收集、贮存、倾倒、堆放、运输、提供、委托、利用、处置等法律行为的管理规范和注意事项，是避免危险废物风险发生的基本方法。第四章“危险废物日常管理”，介绍了危险废物管理计划、危险废物管理台账、危险废物转移、危险废物监测等内容的管理规范和注意事项，是避免危险废物管理风险的重要内容。第五章“危险废物风险管理”，介绍了因危险废物的不同违法情形所产生的不同法律责任，也即法律风险，同时介绍了处理危险废物法律风险的策略和方法。第六章“危险废物管理评价”，介绍了危险废物评价的含义、种类，介绍了政府主管部门评价企业危险废物管理的方法，并为危险废物产生单位和危险废物经营单位提供了自我评价的具体方法。这是一本企业危险废物管理的科普版的手册，至于水平如何，请大家自行评价，我相信绝对有用。

危险废物并不像其名字那么可怕。过去我们很多企业对此不重视，现在在涉及危险废物行为入刑和中央环保督察的推动下，大家都重视起来或者“紧张”起来了。我想，只要我们认真学习相关法律法规，保持敬畏之心，相信专业的力量，危险废物环境管理并不是个难事，而且很多危险废物可以走资源化利用、点对点利用、豁免管理等渠道，就不会“谈危色变”。良好的危险废物管理会给企业带来新的竞争优势，带来实实在在的经济效益！

中国循环经济协会副会长　原庆丹

2022 年 7 月

目 录

Contents

第一章　危险废物管理基础

第二章　危险废物属性管理

第三章　危险废物行为管理

第四章　危险废物日常管理

第六章 危险废物管理评价

第一章　危险废物管理基础

本章介绍了危险废物、企业危险废物管理的基本概念，以及与危险废物有关的法律行为、基本知识，是企业危险废物管理的基础。

001　什么是“危险废物”？

“危险废物”按照字面的意思理解，是指“危险的”“废物”。

根据《固体废物污染环境防治法》的规定，“危险废物，是指列入国家危险废物名录或者根据国家规定的危险废物鉴别标准和鉴别方法认定的具有危险特性的固体废物”。

根据上述法律规定，危险废物包括两部分：一部分是“列入国家危险废物名录”的固体废物；另一部分是“根据国家规定的危险废物鉴别标准和鉴别方法认定的具有危险特性”的固体废物。

《危险废物经营许可证管理办法》对“危险废物”作了基本相同的定义。

002　什么是“企业危险废物管理”？

企业危险废物管理，是指产生、运输、收集、贮存、利用、处置危险废物的单位，依照法律规定规范自身关于危险废物的相关行为，避免企业承担罚款、责令停业、责令关闭等行政责任，避免被追究污染环境罪等刑事责任，以及防止承担生态环境损害赔偿等民事责任的企业管理工作。

从“企业危险废物管理”的定义来看，企业危险废物管理的基本目的是“规范自身危险废物的相关行为”，最终目的是“防止和避免承担各类法律责任”。

企业危险废物管理是企业环保管理的重要组成部分，而企业环保管理又是企业管理的一个分支，在企业管理中发挥着越来越重要的作用。

003 “危险废物管理”对企业有什么价值？

许多企业和工作人员因为危险废物管理不当，被罚款、被停业、被关闭、被拘留，甚至被追究刑事责任，被要求承担生态环境损害赔偿责任。这些无疑给企业带来了经济上的损失。企业做好危险废物管理，能有效避免上述损失的发生。

一家化工企业因为将本企业产生的废酸交给了无危险废物经营许可证的李某，而李某又将废酸倾倒在农村的一个土坑内，李某被以污染环境罪追究刑事责任，该家企业也以提供危险废物的“共同犯罪”被追究刑事责任。最后，法院不但判处该企业犯有污染环境罪，并判处罚金百万元，该企业的主要负责人、环保负责人也被判处 3 年有期徒刑，而且企业被判承担生态环境损害赔偿费用3000 余万元。企业因为对危险废物管理不当，还承受了难以估量的停产、停业损失。

004 “危险废物管理”在企业环保管理中处于什么地位？

按照对于污染源的管理，企业环保管理包括大气污染源管理、水污染源管理、土壤污染源管理、固体废物管理，以及对于特殊的固体废物如畜禽养殖粪污、污水处理污泥、危险废物、电子废物的管理。虽然危险废物管理只是企业环保管理的一部分，但它在企业环保管理中却处于至关重要的地位。理由是：

(1)危险废物是一种广泛存在的污染源,既是大气污染源,也是水污染源,更是土壤污染源。

(2)危险废物一般呈现为固态,不像气态污染物、液态污染物那样容易被管理者转移到环境中去。

(3)危险废物容易给管理者带来法律责任,不但包括拘留、判刑等限制人身自由的责任,而且包括数额很高的罚款和经济赔偿责任。

因此我们说,危险废物管理在企业环保管理中处于首要地位,这一点都不为过。

005 企业危险废物管理的"工作标准"是什么?

企业危险废物管理的工作标准分为两类:

第一类是法律标准。

法律标准,也称"基本标准"。企业应当以《固体废物污染环境防治法》及其他危险废物管理法规中的"法律责任"条款为标准,完善、改进企业的危险废物管理工作,使本企业关于危险废物的各种行为完全符合法律规定,从而消除因危险废物管理不善带来的法律风险。企业危险废物管理的"法律标准"是刚性标准,每个涉及危险废物的企业都应当做到。本书重点讲解、说明此类标准。

第二类是优质标准。

优质标准,也称"超级标准",是指企业的危险废物管理工作在达到"法律标准"的基础上,做得更加完善,在危险废物管理方面有所创新,甚至能够引领行业危险废物管理发展趋势。"优质标准"是柔性标准,不同企业的标准内容不一,企业也不必完全做到。

006 企业做好危险废物管理的"工作方法"有哪些?

企业做好本单位危险废物管理的"工作方法"包括:

(1)人员配备方面。企业应当明确人员专门负责危险废物管理工作,工作量大的企业应当指派专人负责危险废物管理工作。

(2)人员素质方面。企业应当配备学习能力强、热爱危险废物管理工作的人员,法律专业人员优先选择,环保专业人员谨慎考虑。

(3)人员待遇方面。由于危险废物管理工作存在一定风险,因此管理人员的工资应当不低于本企业相同职级人员的工资。

(4)职业培训方面。企业应当为危险废物管理人员购买相关的管理图书、资料,还应当安排人员参加企业危险废物管理培训。

(5)改进问题方面。企业通过危险废物管理评价或者主管部门现场检查发现问题后,应当积极行动,及时改正发现的问题。

007 开展危险废物管理应当重点了解和掌握哪些"法律规范"?

开展企业危险废物管理,应当重点了解和掌握的法律规范包括:《固体废物污染环境防治法》《危险废物经营许可证管理办法》《危险废物转移管理办法》《国家危险废物名录》《医疗废物分类目录》《危险废物鉴别标准 通则》《固体废物鉴别标准 通则》《危险废物贮存污染控制标准》《危险废物焚烧污染控制标准》《危险废物填埋污染控制标准》《环境保护图形标志——排放口(源)》《环境保护图形标志 固体废物贮存(处置)场》《危险废物收集 贮存 运输技术规范》。

008 "危险废物"与"固体废物"是什么关系?

《固体废物污染环境防治法》第 124 条第 1 项规定:"固体废物,是指在生产、生活和其他活动中产生的丧失原有利用价值或者虽未丧失利用价值但被抛弃或者放弃的固态、半固态和置于容器中的气态的物品、物质以及法律、行政法规规定纳入固体废物管理的物品、物质。经无害化加工处理,并且符合强制性国家产品质量标准,不会危害公众健康和生态安全,或者根据固体废物鉴别标准和鉴别程序认定为不属于固体废物的除外。"第 6 项规定:"危险废物,是指列入国家危险废物名录或者根据国家规定的危险废物鉴别标准和鉴别方法认定的具有危险特性的固体废物。”

从两者的定义可以看出，危险废物与固体废物是部分和整体的关系；危险废物是固体废物的一种，固体废物包括危险废物。一种物质，是危险废物，那么肯定是固体废物。但是，一种物质是固体废物，不一定是危险废物。

009　“危险废物”与“其他固体废物”是什么关系？

根据《固体废物污染环境防治法》的规定，固体废物包括五类：工业固体废物、农业固体废物、生活垃圾、建筑垃圾、危险废物。其中，前四类固体废物是“非此即彼”的关系。也就是说，一种固体废物，如果是工业固体废物，就不是农业固体废物；如果是生活垃圾，就不是建筑垃圾、工业固体废物或者农业固体废物。而危险废物，与其他四类固体废物是“重叠交叉”的关系。一种固体废物，如果是危险废物，那么肯定同时是工业固体废物、农业固体废物、生活垃圾、建筑垃圾中的一种。

为了区分危险废物与其他固体废物，人们常常将不是危险废物的固体废物称为“一般固体废物”，将不是危险废物的工业固体废物称为“一般工业固体废物”。

010　“危险废物”与“危险货物”是什么关系？

根据《固体废物污染环境防治法》的规定，“危险废物，是指列入国家危险废物名录或者根据国家规定的危险废物鉴别标准和鉴别方法认定的具有危险特性的固体废物”。

根据《道路危险货物运输管理规定》的规定，“本规定所称危险货物，是指具有爆炸、易燃、毒害、感染、腐蚀等危险特性，在生产、经营、运输、储存、使用和处置中，容易造成人身伤亡、财产损毁或者环境污染而需要特别防护的物质和物品”。

从“危险废物”与“危险货物”的法律规定以及法律调整的对象来看，两者的相同点是：“危险废物”和“危险货物”都具有对人身、财产、环境的“危险性”,“危险废物”在“道路运输”过程中,就会同时具有“危险货物”的身份。

“危险废物”与“危险货物”的不同点是:“危险废物”是“丧失原有利用价值或者虽未丧失利用价值但被抛弃或者放弃的”物品、物质,重点在一个“废”字;而“危险货物”,无论是否有利用价值,只要在“运输”过程中就是“货物”,重点在一个“货”字。

011 什么是“工业危险废物”?

《固体废物污染环境防治法》中并无“工业危险废物”的定义。但是,工业危险废物的说法应用非常广泛。

固体废物包括工业固体废物、农业固体废物、生活垃圾、建筑垃圾。上述四种固体废物,任何一种只要具备危险特性,就是危险废物。如果工业固体废物具备危险特性,那么该种固体废物就是工业危险废物。

因此,人们常说的“工业危险废物”,是指来源于工业生产过程中的危险废物。

因为工业危险废物来源于工业生产过程中,所以显然是生产经营型企业危险废物管理工作的重点。

012 什么是“危险废物收集”?

《固体废物污染环境防治法》中没有关于收集的定义。

《危险废物收集　贮存　运输技术规范》中规定,危险废物产生单位进行的危险废物收集包括两个方面:一是在危险废物产生节点将危险废物集中到适当的包装容器中或运输车辆上的活动;二是将已包装或装到运输车辆上的危险废物集中到危险废物产生单位内部临时贮存设施的内部转运。这是对于危险废物产生单位“收集”的定义。此种收集,无须办理危险废物经营许可证。

《危险废物经营许可证管理办法》规定:“收集,是指危险废物经营单位将分散的危险废物进行集中的活动。”这是对于危险废物经营单位而言的收集。此种收集,需要办理危险废物经营许可证。

013 什么是“危险废物贮存”?

根据《固体废物污染环境防治法》的规定,“贮存,是指将固体废物临时置于特定设施或者场所中的活动”。此处的“贮存”,是指对固体废物(包括危险废物)“转移”前的“临时”贮存,而非作为“危险废物经营活动”之一的“贮存”。因此,可以将此种“贮存”方式看作危险废物产生单位的“贮存”。

根据《危险废物经营许可证管理办法》的规定,“贮存,是指危险废物经营单位在危险废物处置前,将其放置在符合环境保护标准的场所或者设施中,以及为了将分散的危险废物进行集中,在自备的临时设施或者场所每批置放重量超过5000千克或者置放时间超过90个工作日的活动”。此处的“贮存”,是指作为“危险废物经营活动”之一的“贮存”,既包括“处置”前的“贮存”,也包括“集中”过程中的“贮存”。因此,可以将此种“贮存”方式看作危险废物经营单位的“贮存”。

《危险废物贮存污染控制标准》中的“危险废物贮存”,是指危险废物再利用或无害化处理和最终处置之前的存放行为。

《危险废物收集　贮存　运输技术规范》中规定,“危险废物贮存可分为产生单位内部贮存、中转贮存及集中性贮存。所对应的贮存设施分别为:产生危险废物的单位用于暂时贮存的设施;拥有危险废物收集经营许可证的单位用于临时贮存废矿物油、废镍镉电池的设施;以及危险废物经营单位所配置的贮存设施”。

014 什么是“危险废物倾倒、堆放”?

环境法律中没有“倾倒”的定义。从环保的角度来看,倾倒,是指行为人将放置、贮存、盛装于容器、车厢中的污染物,在短时间内大量“转移”到水体、土壤等环境中的行为。

倾倒，适用于对固态、半固态、液态污染物行为的描述，不适用于对气态污染物行为的描述。

环境法律中也没有“堆放”的定义。从环保的角度来看，堆放，是指行为人将污染物“成堆地放置”起来的意思。

堆放，只适用于对半固态、颗粒状物质以及污染物容器、包装物的放置。

倾倒与堆放的区别是：倾倒是一种行为、一种动作，体现污染物“动态”的过程；堆放虽然也是一种行为，但其体现更多的是污染物所处的“状态”。

015 什么是“危险废物提供、委托”？

《固体废物污染环境防治法》第80条第3款规定：“禁止将危险废物提供或者委托给无许可证的单位或者其他生产经营者从事收集、贮存、利用、处置活动。”但法律对于什么是“提供”或者“委托”，并没有规定。

按照一般人的理解，“提供”，就是“把东西、物品交给他人”的意思。“提供”与“买卖”的区别是：“提供”可能是免费的，“接受方”和“提供方”互不支付费用；可能是“正价格”，也即需要“接受方”向“提供方”支付费用；还可能是“负价格”，也即“提供方”不但给“接受方”“物”，还要给“接受方”“钱”。而“买卖”，一定是“接受方”向“提供方”支付费用。

“委托”，是指“将事情托付给他人”的意思。“委托”与“提供”的区别是：“委托”的内容是“行为”，而“提供”的内容则是“物”。在涉及危险废物的“提供、委托”中，“提供”的内容是“危险废物”，而“委托”的内容则是“运输、收集、贮存、利用、处置”等涉及危险废物的行为。

016 什么是“危险废物运输”？

“危险废物运输”，是指使用“交通工具”，将危险废物从一个地方转移到另一个地方，一般不包括危险废物在产生场地内部的任何形式的运输。危险废物在产生场地内部的运输，是“危险废物收集”的方式之一。

“危险废物运输”，包括危险废物道路运输、危险废物水路运输、危险废物铁路运输等，不包括危险废物人力运输，也没有听说过“危险废物航空运输”。

“危险废物运输”与“危险废物转移”的关系是：“危险废物转移”包括危险废物转移申请和批准、危险废物装载、危险废物运输、危险废物卸载或倾倒、危险废物接受、危险废物贮存等环节；而“危险废物运输”，只是危险废物转移中的一个环节。

017 什么是“危险废物转移”？

《固体废物污染环境防治法》中共有 20 余处使用了“转移”，但该法对于“转移”并没有定义。

按照一般人的理解，“危险废物转移”，是指将危险废物从一个地方“挪动”到另一个地方。

《危险废物转移管理办法》规定：“转移，是指以贮存、利用或者处置危险废物为目的，将危险废物从移出人的场所移出，交付承运人并移入接受人场所的活动。”

根据上述规定，将危险废物在“产生场区”之内“挪动”，不是法律意义上的“危险废物转移”。

018 什么是“危险废物利用”？

根据《固体废物污染环境防治法》第 124 条第 8 项的规定，“利用，是指从固体废物中提取物质作为原材料或者燃料的活动”。

现行的《危险废物经营许可证管理办法》中对于“利用”没有定义。修订中的《危险废物经营许可证管理办法》已经更名为《危险废物环境许可证管理办法》，对于“利用”作了与《固体废物污染环境防治法》相同的定义。

直接将危险废物作为原材料或者燃料的行为不是“危险废物利用”，实际上是“危险废物处置”行为。

019 什么是“危险废物处置”？

根据《固体废物污染环境防治法》的规定，“处置，是指将固体废物焚烧和用其他改变固体废物的物理、化学、生物特性的方法，达到减少已产生的固体废物数量、缩小固体废物体积、减少或者消除其危险成分的活动，或者将固体废物最终置于符合环境保护规定要求的填埋场的活动”。

由此可见，固体废物的处置方法包括两类：一类是焚烧和其他各种方法，此种方法至少能够达到“减少已产生的固体废物数量、缩小固体废物体积、减少或者消除其危险成分”三个目的之一；另一类是将固体废物填埋。

《危险废物经营许可证管理办法》和《危险废物环境许可证管理办法（征求意见稿）》对于“处置”作了基本相同的定义。由此可见，对于各种固体废物的“处置”，与对于危险废物的“处置”，其方法是相同的。

020 什么是“危险废物经营活动”？

《固体废物污染环境防治法》第 80 条对于危险废物的经营活动作了如下规定：

“从事收集、贮存、利用、处置危险废物经营活动的单位，应当按照国家有关规定申请取得许可证。许可证的具体管理办法由国务院制定。

禁止无许可证或者未按照许可证规定从事危险废物收集、贮存、利用、处置的经营活动。

禁止将危险废物提供或者委托给无许可证的单位或者其他生产经营者从事收集、贮存、利用、处置活动。”

《危险废物经营许可证管理办法》第 1 条规定，“为了加强对危险废物收集、贮存和处置经营活动的监督管理，防治危险废物污染环境”，“制定本办法”。第 2 条规定：“在中华人民共和国境内从事危险废物收集、贮存、处置经营活动的单位，应当依照本办法的规定，领取危险废物经营许可证。”

由此可见，所谓“危险废物经营活动”，仅仅是指“收集、贮存、利用、处置”危险废物。有些人认为，买卖、提供、委托、转移是危险废物的经营行为，这显然与法律规定不符。

021 什么是“危险废物监测”？

“危险废物监测”，是指对处于贮存、利用、处置过程中的危险废物所产生的大气污染物、水污染物以及土壤环境等进行监督、监视、测试、测定，以确定污染物排放是否符合相关标准以及环境是否受到污染的活动。

“危险废物监测”，不是对危险废物自身的监测，也不包括对危险废物的鉴别、鉴定。

“危险废物监测”，既是发现危险废物在贮存、利用、处置过程中污染物排放是否达标的手段，也是危险废物管理的一项重要内容。

022 什么是“危险废物出口”？

“危险废物出口”，是指将中华人民共和国境内产生的危险废物运出境内的活动。

根据《危险废物出口核准管理办法》的规定，在中华人民共和国境内产生的危险废物应当尽量在境内进行无害化处置，减少出口量，降低危险废物出口转移的环境风险；禁止向《控制危险废物越境转移及其处置巴塞尔公约》非缔约方出口危险废物。

023 什么是“危险废物进口”？

“危险废物进口”，是指将中华人民共和国境外的危险废物，以任何方式运入中华人民共和国境内的活动。

已经废止的《固体废物进口管理办法》规定：国家“禁止进口危险废物”，“禁止经中华人民共和国过境转移危险废物”。根据修订后的《固体废物污染环境防治法》的规定，“国家逐步实现固体废物零进口”；“海关发现进口货物疑似固体废物的,可以委托专业机构开展属性鉴别,并根据鉴别结论依法管理";"进口依法被列入强制回收目录的产品和包装物的企业,应当按照国家有关规定对该产品和包装物进行回收"。

024 什么是"危险废物鉴别"?

"危险废物鉴别",是指按照国家规定的危险废物鉴别标准和鉴别方法,认定一种物品、物质是不是危险废物的活动。

马倍战律师在由中国环境出版集团出版的《危险废物认定与犯罪解析》一书中,首次提出了"危险废物鉴别定律"。其主要内容是:危险废物鉴别,是对危险废物的"固废属性、废弃属性、危险特性"三个法律属性的鉴别;一种物质,必须全部具备上述三个法律属性,才能被鉴别为"危险废物";缺少任何一个法律属性,就不能被鉴别为"危险废物"。

025 什么是"危险废物鉴定"?

"危险废物鉴定",一般是指对危险废物的"司法鉴定",是指为了诉讼的需要或者在诉讼过程中,办案机关或者人民法院聘请具有专门知识、技能或特别经验的人,对案件中涉及的专门性问题进行检验、鉴别和判断,从而为诉讼案件的公正裁判提供科学依据的活动。

危险废物鉴定与危险废物鉴别的相同之处是:两者使用的标准和方法是相同的。

危险废物鉴定与危险废物鉴别的不同之处是:危险废物鉴定由国家颁发许可证的机构完成,其鉴定意见可以直接作为诉讼证据使用;而国家对于危险废物鉴别机构的资质并无规定,其鉴别意见不一定具备诉讼证据资格。

企业若非为了诉讼的需要,无须对本企业产生的固体废物进行危险废物属性的司法鉴定。

026 关于危险废物的哪些行为是法律行为?

法律行为,是指产生法律后果的行为。

企业在生产经营过程中,涉及危险废物的法律行为包括:产生(危险废物)、收集(危险废物)、倾倒(危险废物)、堆放(危险废物)、贮存(危险废物)、提供(危险废物)、委托(他人开展危险废物收集、贮存、利用、处置经营活动)、转移(危险废物)、运输(危险废物)、处置(危险废物)、利用(危险废物)、经营(危险废物)。

企业实施关于危险废物的法律行为,就应当承担相应的法律责任。

第二章　危险废物属性管理

本章从法律角度定义了危险废物的属性，介绍了危险废物法律属性鉴别，以及危险废物豁免管理、危险废物排除管理等相关规定。

027 危险废物具有哪些“法律属性”？

笔者在中国环境出版集团出版的《危险废物认定与犯罪解析》一书中提出了危险废物的三个法律属性：固废属性、废弃属性、危险特性。

危险废物的“固废属性”，是指该种物质、物品“属于固体废物”。

危险废物的“废弃属性”，是指该种物质、物品“丧失原有利用价值或者虽然没有丧失但被丢弃、被放弃”。

危险废物的“危险特性”，是指该种物质、物品“具备毒性、腐蚀性、易燃性、反应性、感染性”之一。

笔者认为，所谓“危险废物的鉴别”，本质上是对一种物品、物质是否具备三个法律属性的鉴别；所谓“危险废物的鉴定”，也同样是对一种物品、物质是否具备三个法律属性的鉴定。

危险废物与固体废物相比，只是“多了”一个“危险特性”而已。可以说，危险废物是具有危险特性的固体废物。

028 企业有权利和义务进行“危险废物鉴别”吗？

企业对于本单位产生的固体废物，当然有鉴别其是不是危险废物的权利。生态环境部要求：企业不但有权进行危险废物鉴别，而且应当主动对本单位产生的危险废物进行鉴别。

生态环境部办公厅在《关于加强危险废物鉴别工作的通知》（环办固体函〔2021〕419 号）中要求：产生固体废物的单位应落实危险废物鉴别的主体责任，按本通知的规定主动开展危险废物鉴别；对需要开展危险废物鉴别的固体废物，产生固体废物的单位以及其他相关单位可委托第三方开展危险废物鉴别，也可自行开展危险废物鉴别；危险废物鉴别单位（包括接受委托开展鉴别的第三方和自行开展鉴别的单位）对鉴别报告内容和鉴别结论负责并承担相应责任。该通知同时规定，危险废物鉴别单位应满足《危险废物鉴别单位管理要求》。

029 “危险废物鉴别单位”应当符合哪些管理要求？

《关于加强危险废物鉴别工作的通知》中的附件 1《危险废物鉴别单位管理要求》对危险废物鉴别单位提出的要求包括：

一是基本要求，包括能够依法独立承担法律责任，对危险废物鉴别报告的真实性、规范性和准确性负责。

二是专业技术能力要求，包括配备一定数量全职专业技术人员，设置专业技术负责人等。

三是检验检测能力要求，包括取得检验检测机构资质认定等资质等。

四是组织与管理要求，包括具有完善的组织结构和管理制度，按要求编制鉴别方案和鉴别报告等。

五是工作场所要求，包括具备固定的工作场所等。

六是档案管理要求，包括健全档案管理制度，建立鉴别报告完整档案等。

030 企业应当对哪些固体废物开展“危险废物鉴别”？

《关于加强危险废物鉴别工作的通知》中要求，企业应当开展危险废物鉴别的固体废物包括：

（1）生产及其他活动中产生的可能具有对生态环境和人体健康造成有害影响的毒性、腐蚀性、易燃性、反应性或感染性等危险特性的固体废物。

（2）依据《建设项目危险废物环境影响评价指南》等文件有关规定，开展环境影响评价需要鉴别的可能具有危险特性的固体废物，以及建设项目建成投运后产生的需要鉴别的固体废物。

（3）生态环境主管部门在日常环境监管工作中认为有必要，且有检测数据或工艺描述等相关材料表明可能具有危险特性的固体废物。

（4）突发环境事件涉及的或历史遗留的等无法追溯责任主体的可能具有危险特性的固体废物。

（5）其他根据国家有关规定应进行鉴别的固体废物。

031 危险废物鉴别的“委托方”对危险废物鉴别的流程是怎样的？

根据《关于加强危险废物鉴别工作的通知》提出的要求，鉴别委托方对危险废物鉴别的流程是：

（1）鉴别委托方应于开展危险废物鉴别前在信息平台注册和公开拟开展危险废物鉴别情况，并在信息平台中选择危险废物鉴别单位。

（2）危险废物鉴别单位应严格依据国家危险废物名录以及国家规定的鉴别标准和鉴别方法开展危险废物鉴别；鉴别过程需要进行样品采集和危险特性检测工作的，危险废物鉴别单位应在开展鉴别工作前编制鉴别方案，并组织专家进行技术论证。

（3）鉴别委托方应于鉴别完成后将危险废物鉴别报告和其他相关资料上传至信息平台并向社会公开。

（4）危险废物鉴别报告在信息平台公开 10 个工作日且无异议的，或者按照省级危险废物鉴别专家委员会评价意见修改并在信息平台公开 10 个工作日且无异议的，或者按照最终评价意见修改并在信息平台再次公开的，鉴别结论作为固体废物环境管理的依据。

032 鉴别危险废物应当按照什么“程序”进行？

《危险废物鉴别标准　通则》的“鉴别程序”部分规定，危险废物鉴别应按照以下程序进行：

第一步：依据法律规定和《固体废物鉴别标准　通则》，判断待鉴别的物品、物质是否属于固体废物；不属于固体废物的，则不属于危险废物。

第二步：经判断属于固体废物的，则首先依据《国家危险废物名录》鉴别。凡列入《国家危险废物名录》的固体废物，属于危险废物，不需要进行危险特性鉴别。

第三步：未列入《国家危险废物名录》，但不排除具有腐蚀性、毒性、易燃性、反应性的固体废物，依据 GB 5085.1（《危险废物鉴别标准　腐蚀性鉴别》）、GB 5085.2（《危险废物鉴别标准　急性毒性初筛》）、GB 5085.3（《危险废物鉴别标准　浸出毒性鉴别》）、GB 5085.4（《危险废物鉴别标准　易燃性鉴别》）、GB 5085.5（《危险废物鉴别标准　反应性鉴别》）、GB 5085.6（《危险废物鉴别标准　毒性物质含量鉴别》）、HJ 298（《危险废物鉴别技术规范》）进行鉴别。凡具有腐蚀性、毒性、易燃性、反应性中一种或一种以上危险特性的固体废物，属于危险废物。

第四步：对未列入《国家危险废物名录》且根据危险废物鉴别标准无法鉴别，但可能对人体健康或生态环境造成有害影响的固体废物，由国务院生态环境主管部门组织专家认定。

033 “危险废物鉴别程序”对于鉴别危险废物有什么意义？

如果不按照危险废物的鉴别程序进行鉴别，就可能得出错误的鉴别结论，从而也就导致这种鉴别没有价值和意义。

根据最高人民法院《关于适用〈中华人民共和国刑事诉讼法〉的解释》

(法释〔2021〕1 号)第 98 条第 5 项、第 6 项的规定,“鉴定程序违反规定的”,以及“鉴定过程和方法不符合相关专业的规范要求的”,鉴定意见不得作为定案的根据。

034 危险废物与其他物质“混合”后还是危险废物吗?

根据《危险废物鉴别标准　通则》的规定,“具有毒性、感染性中一种或两种危险特性的危险废物与其他物质混合,导致危险特性扩散到其他物质中,混合后的固体废物属于危险废物”。这里仅仅规定了“毒性、感染性”两种危险特性,还必须“导致危险特性扩散到其他物质中”,这时,“混合后的固体废物”才“属于危险废物”。

根据《危险废物鉴别标准　通则》的规定,“仅具有腐蚀性、易燃性、反应性中一种或一种以上危险特性的危险废物与其他物质混合,混合后的固体废物经鉴别不再具有危险特性的,不属于危险废物”。这里规定了“仅具有腐蚀性、易燃性、反应性”危险特性的危险废物与其他物质混合后的认定方法。

根据《危险废物鉴别标准　通则》的规定,“危险废物与放射性废物混合,混合后的废物应按照放射性废物管理”。

035 危险废物“利用处置”后还是危险废物吗?

根据《危险废物鉴别标准　通则》的规定,“仅具有腐蚀性、易燃性、反应性中一种或一种以上危险特性的危险废物利用过程和处置后产生的固体废物,经鉴别不再具有危险特性的,不属于危险废物”。也就是说,“仅具有腐蚀性、易燃性、反应性”危险特性的危险废物,要对“利用过程和处置后产生的固体废物”进行鉴别,“经鉴别不再具有危险特性的”,方可认定“不属于危险废物”。

根据《危险废物鉴别标准　通则》的规定,“具有毒性危险特性的危险废物利用过程产生的固体废物,经鉴别不再具有危险特性的,不属于危险废物”。这是对于“具有毒性危险特性的危险废物利用过程产生的固体废物”的认定方法。

根据《危险废物鉴别标准　通则》的规定,“除国家有关法规、标准另有规定的外,具有毒性危险特性的危险废物处置后产生的固体废物,仍属于危险废物”。这是对于“具有毒性危险特性的危险废物处置后产生的固体废物”的认定方法。

根据《危险废物鉴别标准　通则》的规定,“除国家有关法规、标准另有规定的外,具有感染性危险特性的危险废物利用处置后,仍属于危险废物”。这是对于“具有感染性危险特性的危险废物利用处置后”的认定方法。

036 危险废物鉴别涉及哪些法律、标准、规范?

危险废物鉴别涉及的法律、标准、规范,主要包括:《危险废物鉴别标准　通则》、《固体废物污染环境防治法》、《固体废物鉴别标准　通则》、《国家危险废物名录》、《危险废物排除管理清单》、《危险废物鉴别技术规范》、《工业固体废物采样制样技术规范》、《危险废物鉴别标准　腐蚀性鉴别》、《危险废物鉴别标准　急性毒性初筛》、《危险废物鉴别标准　浸出毒性鉴别》、《危险废物鉴别标准　易燃性鉴别》、《危险废物鉴别标准　反应性鉴别》和《危险废物鉴别标准　毒性物质含量鉴别》。

037 如何鉴别危险废物的“固废属性”?

根据马倍战律师提出的“危险废物鉴别定律”,危险废物的“固废属性”,是指“待鉴别的物品、物质从‘形态’上来看,是不是《固体废物污染环境防治法》的调整范围”。

根据《危险废物鉴别标准　通则》的规定,应当按照以下规范鉴别待鉴别物品、物质的“固废属性”:

(1)通过《固体废物污染环境防治法》第124条第1项鉴别

“固体废物,是指在生产、生活和其他活动中产生的丧失原有利用价值或者虽未丧失利用价值但被抛弃或者放弃的固态、半固态和置于容器中的气态的物品、物质以及法律、行政法规规定纳入固体废物管理的物品、物质。经无害化加工处理,并且符合强制性国家产品质量标准,不会危害公众健康和生态安全,或者根据固体废物鉴别标准和鉴别程序认定为不属于固体废物的除外。”

根据以上规范,固态、半固态和置于容器中的气态的物品、物质,以及法律、行政法规规定纳入固体废物管理的物品、物质,具备“固废属性”。

(2)通过《固体废物污染环境防治法》第125条鉴别

“液态废物的污染防治,适用本法;但是,排入水体的废水的污染防治适用有关法律,不适用本法。”

根据以上规范,液体废物属于《固体废物污染环境防治法》的调整范围,也就是具备“固废属性”。但是,“排入水体的废水”,不属于《固体废物污染环境防治法》的调整范围,也即不具备“固废属性”。

(3)通过《固体废物污染环境防治法》第2条鉴别

“固体废物污染环境的防治适用本法。

固体废物污染海洋环境的防治和放射性固体废物污染环境的防治不适用本法。”

根据上述规定,在“固体废物污染海洋环境的防治和放射性固体废物污染环境的防治”过程中,“固体废物”不能适用《固体废物污染环境防治法》进行管理。

(4)通过《固体废物鉴别标准　通则》“适用范围”部分鉴别

“本标准适用于物质(或材料)和物品(包括产品、商品)(以下简称物质)的固体废物鉴别。

液态废物的鉴别,适用于本标准。

本标准不适用于放射性废物的鉴别。

本标准不适用于固体废物的分类。

对于有专用固体废物鉴别标准的物质的固体废物鉴别,不适用于本标准。”

上述《固体废物鉴别标准　通则》“适用范围”部分的前三款重复了《固体废物污染环境防治法》的内容，后两款则排除了某些特定物质、物品的“固废属性”。

038 如何鉴别危险废物的“废弃属性”？

根据马倍战律师提出的“危险废物鉴别定律”，危险废物的“废弃属性”，是指“待鉴别的物品、物质‘丧失原有利用价值’或者‘被抛弃、被放弃’的属性”。

危险废物的“废弃属性”，应当从以下方面进行鉴别：

(1)通过《固体废物污染环境防治法》第 124 条第 1 项鉴别

“固体废物，是指在生产、生活和其他活动中产生的丧失原有利用价值或者虽未丧失利用价值但被抛弃或者放弃的固态、半固态和置于容器中的气态的物品、物质以及法律、行政法规规定纳入固体废物管理的物品、物质。经无害化加工处理，并且符合强制性国家产品质量标准，不会危害公众健康和生态安全，或者根据固体废物鉴别标准和鉴别程序认定为不属于固体废物的除外。”

根据以上规范，下列物品、物质具备“废弃属性”：①丧失原有利用价值的；②被抛弃的；③被放弃的；④被法律、行政法规规定纳入固体废物管理的。

(2)通过《固体废物鉴别标准　通则》第 4 条的规定，“依据产生来源”进行鉴别

凡是待鉴别的物品、物质列明于规定情形之中的，应当认定为具备“废弃属性”。

(3)通过《固体废物鉴别标准　通则》第 5 条的规定，对“利用和处置过程中的固体废物”进行鉴别

凡是待鉴别的物品、物质列明于规定情形之中的，应当认定为具备“废弃属性”。

039 如何鉴别“生产过程”中所产生物质的“废弃属性”？

根据《固体废物鉴别标准　通则》第4条的规定，下列物质属于固体废物（《固体废物鉴别标准　通则》第6条包括的物质除外）：

“4.1　丧失原有使用价值的物质，包括以下种类：

a）在生产过程中产生的因为不符合国家、地方制定或行业通行的产品标准（规范），或者因为质量原因，而不能在市场出售、流通或者不能按照原用途使用的物质，如不合格品、残次品、废品等。但符合国家、地方制定或行业通行的产品标准中等外品级的物质以及在生产企业内进行返工（返修）的物质除外；

b）因为超过质量保证期，而不能在市场出售、流通或者不能按照原用途使用的物质；

c）因为沾染、掺入、混杂无用或有害物质使其质量无法满足使用要求，而不能在市场出售、流通或者不能按照原用途使用的物质；

d）在消费或使用过程中产生的，因为使用寿命到期而不能继续按照原用途使用的物质；

e）执法机关查处没收的需报废、销毁等无害化处理的物质，包括（但不限于）假冒伪劣产品、侵犯知识产权产品、毒品等禁用品；

f）以处置废物为目的生产的，不存在市场需求或不能在市场上出售、流通的物质；

g）因为自然灾害、不可抗力因素和人为灾难因素造成损坏而无法继续按照原用途使用的物质；

h）因丧失原有功能而无法继续使用的物质；

i）由于其他原因而不能在市场出售、流通或者不能按照原用途使用的物质。

4.2　生产过程中产生的副产物，包括以下种类：

a）产品加工和制造过程中产生的下脚料、边角料、残余物质等；

b）在物质提取、提纯、电解、电积、净化、改性、表面处理以及其他处理过程中产生的残余物质，包括（但不限于）以下物质：

1）在黑色金属冶炼或加工过程中产生的高炉渣、钢渣、轧钢氧化皮、铁合金渣、锰渣；

2）在有色金属冶炼或加工过程中产生的铜渣、铅渣、锡渣、锌渣、铝灰（渣）等火法冶炼渣，以及赤泥、电解阳极泥、电解铝阳极炭块残极、电积槽渣、酸（碱）浸出渣、净化渣等湿法冶炼渣；

3）在金属表面处理过程中产生的电镀槽渣、打磨粉尘。

c）在物质合成、裂解、分馏、蒸馏、溶解、沉淀以及其他过程中产生的残余物质，包括（但不限于）以下物质：

1）在石油炼制过程中产生的废酸液、废碱液、白土渣、油页岩渣；

2）在有机化工生产过程中产生的酸渣、废母液、蒸馏釜底残渣、电石渣；

3）在无机化工生产过程中产生的磷石膏、氨碱白泥、铬渣、硫铁矿渣、盐泥。

d）金属矿、非金属矿和煤炭开采、选矿过程中产生的废石、尾矿、煤矸石等；

e）石油、天然气、地热开采过程中产生的钻井泥浆、废压裂液、油泥或油泥砂、油脚和油田溅溢物等；

f）火力发电厂锅炉、其他工业和民用锅炉、工业窑炉等热能或燃烧设施中，燃料燃烧产生的燃煤炉渣等残余物质；

g）在设施设备维护和检修过程中，从炉窑、反应釜、反应槽、管道、容器以及其他设施设备中清理出的残余物质和损毁物质；

h）在物质破碎、粉碎、筛分、碾磨、切割、包装等加工处理过程中产生的不能直接作为产品或原材料或作为现场返料的回收粉尘、粉末；

i）在建筑、工程等施工和作业过程中产生的报废料、残余物质等建筑废物；

j）畜禽和水产养殖过程中产生的动物粪便、病害动物尸体等；

k）农业生产过程中产生的作物秸秆、植物枝叶等农业废物；

l)教学、科研、生产、医疗等实验过程中,产生的动物尸体等实验室废弃物质;

m)其他生产过程中产生的副产物。

4.3 环境治理和污染控制过程中产生的物质,包括以下种类:

a)烟气和废气净化、除尘处理过程中收集的烟尘、粉尘,包括粉煤灰;

b)烟气脱硫产生的脱硫石膏和烟气脱硝产生的废脱硝催化剂;

c)煤气净化产生的煤焦油;

d)烟气净化过程中产生的副产硫酸或盐酸;

e)水净化和废水处理产生的污泥及其他废弃物质;

f)废水或废液(包括固体废物填埋场产生的渗滤液)处理产生的浓缩液;

g)化粪池污泥、厕所粪便;

h)固体废物焚烧炉产生的飞灰、底渣等灰渣;

i)堆肥生产过程中产生的残余物质;

j)绿化和园林管理中清理产生的植物枝叶;

k)河道、沟渠、湖泊、航道、浴场等水体环境中清理出的漂浮物和疏浚污泥;

l)烟气、臭气和废水净化过程中产生的废活性炭、过滤器滤膜等过滤介质;

m)在污染地块修复、处理过程中,采用下列任何一种方式处置或利用的污染土壤:

1)填埋;

2)焚烧;

3)水泥窑协同处置;

4)生产砖、瓦、筑路材料等其他建筑材料。

n)在其他环境治理和污染修复过程中产生的各类物质。

4.4 其他:

a)法律禁止使用的物质;

b）国务院环境保护行政主管部门认定为固体废物的物质。”

《固体废物鉴别标准　通则》第6条规定：“不作为固体废物管理的物质

6.1　以下物质不作为固体废物管理：

a）任何不需要修复和加工即可用于其原始用途的物质，或者在产生点经过修复和加工后满足国家、地方制定或行业通行的产品质量标准并且用于其原始用途的物质；

b）不经过贮存或堆积过程，而在现场直接返回到原生产过程或返回其产生过程的物质；

c）修复后作为土壤用途使用的污染土壤；

d）供实验室化验分析用或科学研究用固体废物样品。

6.2　按照以下方式进行处置后的物质，不作为固体废物管理：

a）金属矿、非金属矿和煤炭采选过程中直接留在或返回到采空区的符合 GB 18599 中第Ⅰ类一般工业固体废物要求的采矿废石、尾矿和煤矸石。但是带入除采矿废石、尾矿和煤矸石以外的其他污染物质的除外；

b）工程施工中产生的按照法规要求或国家标准要求就地处置的物质。

…………”

根据以上规范，凡是待鉴别的物品、物质列明于第4条之中的（列明于第6条的除外），应当认定为具备“废弃属性”。

040　如何鉴别“利用和处置”过程中固体废物的“废弃属性”？

根据《固体废物鉴别标准　通则》第5条的规定，利用和处置过程中的固体废物按照以下方法鉴别：

“5.1　在任何条件下，固体废物按照以下任何一种方式利用或处置时，仍然作为固体废物管理（但包含在6.2条中的除外）：

a）以土壤改良、地块改造、地块修复和其他土地利用方式直接施用于土地或生产施用于土地的物质（包括堆肥），以及生产筑路材料；

b）焚烧处置（包括获取热能的焚烧和垃圾衍生燃料的焚烧），或用于生

产燃料,或包含于燃料中;

c)填埋处置;

d)倾倒、堆置;

e)国务院环境保护行政主管部门认定的其他处置方式。

5.2　利用固体废物生产的产物同时满足下述条件的,不作为固体废物管理,按照相应的产品管理(按照5.1条进行利用或处置的除外):

a)符合国家、地方制定或行业通行的被替代原料生产的产品质量标准;

b)符合相关国家污染物排放(控制)标准或技术规范要求,包括该产物生产过程中排放到环境中的有害物质限值和该产物中有害物质的含量限值;

当没有国家污染控制标准或技术规范时,该产物中所含有害成分含量不高于利用被替代原料生产的产品中的有害成分含量,并且在该产物生产过程中,排放到环境中的有害物质浓度不高于利用所替代原料生产产品过程中排放到环境中的有害物质浓度,当没有被替代原料时,不考虑该条件;

c)有稳定、合理的市场需求。”

《固体废物鉴别标准　通则》第6.2条规定:“按照以下方式进行处置后的物质,不作为固体废物管理:

a)金属矿、非金属矿和煤炭采选过程中直接留在或返回到采空区的符合GB 18599中第Ⅰ类一般工业固体废物要求的采矿废石、尾矿和煤矸石。但是带入除采矿废石、尾矿和煤矸石以外的其他污染物质的除外;

b)工程施工中产生的按照法规要求或国家标准要求就地处置的物质。”

根据以上规范,凡是待鉴别的物品、物质列明于第5条之中的(列明于第5.1条且列明于第6.2条的除外),应当认定为具备“废弃属性”。

041 “未经处理的废水”是危险废物吗?

《固体废物污染环境防治法》第125条规定:

“液态废物的污染防治,适用本法;但是,排入水体的废水的污染防治适用有关法律，不适用本法。”

《固体废物鉴别标准　通则》第7条规定：

“不作为液态废物管理的物质

7.1　满足相关法规和排放标准要求可排入环境水体或者市政污水管网和处理设施的废水、污水。

7.2　经过物理处理、化学处理、物理化学处理和生物处理等废水处理工艺处理后，可以满足向环境水体或市政污水管网和处理设施排放的相关法规和排放标准要求的废水、污水。

7.3　废酸、废碱中和处理后产生的满足7.1或7.2条要求的废水。”

根据上述规范，液态废物（包括废水），在一般情况下，属于固体废物；但是，满足《固体废物鉴别标准　通则》第7条规定的三种情形之一的，则不属于固体废物。

由此可见，未经处理的废水在处理之前，属于固体废物；如果其具备危险特性，则属于危险废物。

042　企业产生、生产的“中间”产品、产物是危险废物吗？

甲企业在生产过程中产生“溴化钠”液体，企业就将其作为“副产品”以每吨7000元的价格销售给乙企业，乙企业利用“溴化钠”液体提取“溴”，并造成了环境污染。乙企业被以污染环境罪追究刑事责任，甲企业也被以提供危险废物共同犯罪追究刑事责任。那么，企业的中间产品、产物是危险废物吗？

现分析如下：

（1）适用的鉴别条款

根据《固体废物鉴别标准　通则》第1条“适用范围”的规定，对甲公司在生产过程中产生的溴化钠液体（以下称“待鉴别的物质”）的鉴别适用于“依据产生来源的固体废物鉴别准则”。

（2）分析鉴别过程

①根据《固体废物鉴别标准　通则》第3.1条对“固体废物”的定义，待

鉴别的物质不是“在生产、生活和其他活动中产生的丧失原有利用价值或者虽未丧失利用价值但被抛弃或者放弃的固态、半固态和置于容器中的气态的物品、物质”，也没有发现法律、行政法规规定将“溴化钠”纳入固体废物管理，因此不能确定其是固体废物。

②通过《固体废物鉴别标准　通则》第4.1条“丧失原有使用价值的物质”鉴别，待鉴别的物质显然不属于a－h规定的任何情形，也不属于i规定的“由于其他原因而不能在市场出售、流通或者不能按照原用途使用的物质”，不能确定待鉴别的物质属于固体废物。

③通过《固体废物鉴别标准　通则》第4.2条“生产过程中产生的副产物”鉴别，第4.2条从a－l列举的物质全部是下脚料、边角料、残余物质、残余物质、损毁物质、废弃物质，各种渣、粉尘、粉末、泥，以及动物粪便、动物尸体、农业废物、废石、尾矿、煤矸石等，与待鉴别的物质有着本质区别，因此不是该条中所列的固体废物。

(3)结论

通过《固体废物鉴别标准　通则》进行鉴别，待鉴别的物质不符合其中列明的任何情形。因此，待鉴别的物质溴化钠液体不是固体废物，当然也不是危险废物。

043 如何鉴别危险废物的“危险特性”？

《危险废物鉴别标准　通则》第4.1条用于鉴别危险废物的“固废属性”及“废弃属性”，第4.2条、第4.3条、第4.4条则用于鉴别危险废物的危险特性：

(1)依据《国家危险废物名录》鉴别

凡列入《国家危险废物名录》的固体废物，均判断为具有危险特性，不需要进行危险特性鉴别。

(2)依据相关标准进行检验检测

未列入《国家危险废物名录》，但不排除具有腐蚀性、毒性、易燃性、反应性的固体废物，依据 GB 5085.1、GB 5085.2、GB 5085.3、GB 5085.4、GB 5085.5 和 GB 5085.6 以及 HJ 298 进行鉴别。凡具有腐蚀性、毒性、易燃性、反应性中一种或一种以上危险特性的固体废物，判断为具有危险特性。

（3）由主管部门组织专家认定

对未列入《国家危险废物名录》且根据危险废物鉴别标准无法鉴别，但可能对人体健康或生态环境造成有害影响的固体废物，由国务院生态环境主管部门组织专家认定。

044 《国家危险废物名录》由哪几部分组成？

现行《国家危险废物名录》共分为三部分。

第一部分是条文部分，名称也是《国家危险废物名录》。该部分共包括八条。

第二部分是附表部分。附表分为五列，分别是：废物类别、行业来源、废物代码、危险废物、危险特性。

第三部分是《危险废物豁免管理清单》。列入该清单中的危险废物，在所列的豁免环节，且满足相应的豁免条件时，可以按照豁免内容的规定实行豁免管理。

《危险废物豁免管理清单》不是独立的规范，而是《国家危险废物名录》的组成部分。

045 《国家危险废物名录》“条文部分”的主要内容是什么？

总体来说，《国家危险废物名录》条文部分是说明性的内容，包括对“附表部分”和《危险废物豁免管理清单》的说明。

第一条，说明了制定《国家危险废物名录》的目的。

第二条，说明了列入《国家危险废物名录》物品、物质的范围。

第三条，说明了《危险废物豁免管理清单》“豁免”的含义。

第四条,说明了危险废物与其他物质混合后的固体废物属性的判定原则。

第五条,解释了《国家危险废物名录》中有关术语的含义。

第六条,规定了对不明确是否具有危险特性的固体废物的认定方法。

第七条,说明了《国家危险废物名录》的调整原则。

第八条,说明了《国家危险废物名录》的施行时间。

046 如何正确使用《国家危险废物名录》的“附表部分”?

首先需要了解《国家危险废物名录》附表部分的结构。

第一列:废物类别。

废物类别,是在《控制危险废物越境转移及其处置巴塞尔公约》划定的类别基础上,结合我国实际情况对危险废物进行的分类。

第二列:行业来源。

行业来源,是指危险废物的产生行业。

第三列:废物代码。

废物代码,是指危险废物的唯一代码,为 8 位数字。其中,第 1 ~3 位为危险废物产生行业代码(依据《国民经济行业分类(GB/T 4754—2017)》确定),第 4 ~6 位为危险废物顺序代码,第 7 ~8 位为危险废物类别代码。

第四列:危险废物。

该列是危险废物的具体名称,大部分由“产品、产生过程、废物特征、废物名称”组成,说明了危险废物的产生过程。

第五列:危险特性。

危险特性,是指对生态环境和人体健康具有有害影响的毒性(toxicity, T)、腐蚀性(corrosivity, C)、易燃性(ignitability, I)、反应性(reactivity, R)和感染性(infectivity, In)。

使用《国家危险废物名录》“附表部分”,应当注意以下几点:

(1)必须在通过《国家危险废物名录》第 4.1 条将待鉴别的物品、物质鉴别为固体废物后，才能使用该名录鉴别。

(2)将“待鉴别的物品、物质”与列表中的“行业来源”与“危险废物”进行严格对照，凡是完全相符的，认定为属于该行列明的“危险废物”；只有部分相符的，不能认定为该行列明的危险废物。

(3)不得使用推理的方法对照认定。

047 什么是“危险废物豁免管理”？

“危险废物豁免管理”，是指列入《危险废物豁免管理清单》中的危险废物，在所列的豁免环节，在满足相应的豁免条件时，行政机关可以按照豁免内容的规定实行豁免管理。

《危险废物豁免管理清单》仅豁免了危险废物特定环节的部分管理要求，并没有豁免其危险废物的属性。也就是说，实行“豁免管理”的危险废物，无论其所处的环节，仍然是危险废物。

048 如何读懂《危险废物豁免管理清单》？

《危险废物豁免管理清单》分为“各栏目说明”和列表。

各栏目说明的内容如下：

“序号”，指列入本目录危险废物的顺序编号；

“废物类别/代码”，指列入本目录危险废物的类别或代码；

“危险废物”，指列入本目录危险废物的名称；

“豁免环节”，指可不按危险废物管理的环节；

“豁免条件”，指可不按危险废物管理应具备的条件；

“豁免内容”，指可不按危险废物管理的内容。

《医疗废物分类目录》对医疗废物有其他豁免管理内容的，按照该目录有关规定执行。

列表部分共列明了 32 种危险废物，列表式样如表 2－1 所示：

表 2－1　危险废物列表式样

<table>
<tr><th>序号</th><th>废物类别/代码</th><th>危险废物</th><th>豁免环节</th><th>豁免条件</th><th>豁免内容</th></tr>
<tr><td rowspan="2">1</td><td rowspan="2">生活垃圾中的危险废物</td><td rowspan="2">家庭日常生活或者为日常生活提供服务的活动中产生的废药品、废杀虫剂和消毒剂及其包装物、废油漆和溶剂及其包装物、废矿物油及其包装物、废胶片及废像纸</td><td>全部环节</td><td>未集中收集的家庭日常生活中产生的生活垃圾中的危险废物</td><td>全过程不按危险废物管理</td></tr>
<tr><td>收集</td><td>按照各市、县生活垃圾分类要求，纳入生活垃圾分类收集体系进行分类收集，且运输工具和暂存场所满足分类收集体系要求</td><td>从分类投放点收集转移到所设定的集中贮存点的收集过程不按危险废物管理</td></tr>
</table>

049　什么是《危险废物排除管理清单》？

为贯彻落实《固体废物污染环境防治法》，按照《强化危险废物监管和利用处置能力改革实施方案》（国办函〔2021〕47 号）有关要求，完善危险废物鉴别制度，推进分级分类管理，生态环境部制定了《危险废物排除管理清单（2021 年版）》。该清单的主要内容见表 2－2：

表 2－2　《危险废物排除管理清单（2021 年版）》主要内容

序号	固体废物名称	行业来源	固体废物描述
1	废弃水基钻井泥浆及岩屑	石油和天然气开采	以水为连续相配制钻井泥浆用于石油和天然气开采过程中产生的废弃钻井泥浆及岩屑（不包括废弃聚磺体系泥浆及岩屑）
2	脱墨渣	纸浆制造	废纸造浆工段的浮选脱墨工序产生的脱墨渣
3	七类树脂生产过程中造粒工序产生的废料	合成材料制造	聚乙烯（PE）树脂、聚丙烯（PP）树脂、聚苯乙烯（PS）树脂、聚氯乙烯（PVC）树脂、丙烯腈－丁二烯－苯乙烯（ABS）树脂、聚对苯二甲酸乙二醇酯（PET）树脂、聚对苯二甲酸丁二醇酯（PBT）树脂七类树脂造粒加工生产产品过程中产生的不合格产品、大饼料、落地料、水涝料以及过渡料

续表

序号	固体废物名称	行业来源	固体废物描述
4	热浸镀锌浮渣和锌底渣	金属表面处理及热处理加工	金属表面热浸镀锌处理(未加铅且不使用助镀剂)过程中锌锅内产生的锌浮渣;金属表面热浸镀锌处理(未加铅)过程中锌锅内产生的锌底渣
5	铝电极箔生产过程产生的废水处理污泥	金属表面处理及热处理加工	铝电解电容器用铝电极箔生产过程中产生的化学腐蚀废水处理污泥、非硼酸系化成液化成废水处理污泥
6	风电叶片切割边角料废物	风能原动设备制造	风力发电叶片生产过程中产生的废弃玻璃纤维边角料和切边废料

050 《危险废物排除管理清单》与《危险废物豁免管理清单》有何区别?

《危险废物排除管理清单》是一个独立的规范性文件,而《危险废物豁免管理清单》是《国家危险废物名录》的组成部分。

凡是在《危险废物排除管理清单》列明的固体废物,虽然看上去可能像危险废物,也可能确实具有危险特性,但从法律的角度来看,不属于危险废物,也无须开展危险废物鉴别。

列入《危险废物豁免管理清单》的固体废物,仍然是危险废物,只是豁免了该危险废物特定环节的部分管理要求,并没有豁免其危险废物的属性。

051 如何确定某种危险废物是否符合"豁免管理"?

确定某种危险废物是否符合豁免管理,应当通过以下步骤:

(1)通过核对废物类别或代码和名称,确定该废物是否列入《危险废物豁免管理清单》。

(2)确定该废物的豁免环节是否与《危险废物豁免管理清单》中的规定一致。

(3)核对是否具备《危险废物豁免管理清单》列明的豁免条件。

(4)与第2、3项中规定和条件一致的,确定可以豁免管理。

052 危险废物豁免管理清单中“豁免环节”的具体含义是什么?

危险废物豁免管理清单中,各个“豁免环节”的具体含义分别如下:

(1)全过程不按危险废物管理,是指各管理环节均豁免,无须执行危险废物环境管理的有关规定。

(2)从分类投放点收集转移到所设定的集中贮存点的收集过程不按危险废物管理,是指收集企业不需要持有危险废物收集经营许可证或危险废物综合经营许可证,转移活动的运输车辆也可不具有危险货物运输资质,转移过程中可不运行危险废物转移联单。

(3)收集过程不按危险废物管理,是指收集企业不需要持有危险废物收集经营许可证或危险废物综合经营许可证。

(4)利用过程不按危险废物管理,是指利用企业不需要持有危险废物综合经营许可证。

(5)填埋过程不按危险废物管理,是指填埋企业不需要持有危险废物综合经营许可证。

(6)水泥窑协同处置过程不按危险废物管理,是指水泥企业不需要持有危险废物综合经营许可证。

(7)不按危险废物进行运输,是指运输可不采用危险货物运输工具。

(8)转移过程不按危险废物管理,是指进行转移活动的运输车辆可不具有危险货物运输资质,转移过程中可不运行危险废物转移联单,但转移活动需事后备案。

053 危险废物鉴别"采样",应当依据什么规范?

危险废物鉴别采样,应当依据《危险废物鉴别技术规范》中的规定进行。这是一个国家标准,最新版本是2019年的版本。

该标准的内容引用了《危险废物鉴别标准　通则》及其六个危险废物鉴别子标准,以及《固体废物鉴别标准　通则》《工业用化学产品采样安全通则》《工业固体废物采样制样技术规范》《突发环境事件应急管理办法》《国家危险废物名录》等文件。因此,在采样过程中涉及相关内容的,还应当依照上述规范。

该标准适用于生产、生活和其他活动中产生的固体废物的危险特性鉴别,包括环境事件涉及的固体废物的危险特性鉴别。该标准也适用于液态废物的鉴别,但不适用于放射性废物鉴别。

该标准规定了固体废物的危险特性鉴别中样品的采集和检测以及检测结果判断等过程的技术要求。

该标准的"样品采集"部分,分别规定了采样对象的确定、份样数的确定、份样量的确定、采样的时间和频次以及采样方法。

该标准的"制样、样品的保存和预处理"部分,要求采集的固体废物应按照HJ/T 20(《工业固体废物采样制样技术规范》)中的要求进行制样和样品的保存,并按照GB 5085.1－6(危险废物鉴别子标准)中的分析方法要求进行样品的预处理。

该标准"样品检测"部分规定,"检测过程中,可首先选择可能存在的主要危险特性进行检测"。

054 如何对危险特性的"检测结果"进行判断?

根据《危险废物鉴别技术规范》的规定,在对固体废物样品进行检测后,"检测结果超过GB 5085.1、GB 5085.2、GB 5085.3、GB 5085.4、GB 5085.5和GB 5085.6中相应标准限值的份样数"大于或者等于表2－3中的超标份样数限值,即可判定该固体废物具有该种危险特性(第 7.3 条除外)。

表 2 –3　检测结果判断方案

份样数	超标份样数限值	份样数	超标份样数限值
5	2	32	8
8	3	50	11
13	4	80	15
20	6	≥100	22

同时还应当按照《危险废物鉴别技术规范》的以下规则进行判断:

“7.2　如果采集的固体废物份样数与表3 中的份样数不符,按照表3 中与实际份样数最接近的较小份样数进行结果的判断。

7.3　根据本标准第 4.2.4 条采样,采样份样数小于表 1 规定最小份样数时,检测结果超过 GB 5085.1、GB 5085.2、GB 5085.3、GB 5085.4、GB 5085.5和 GB 5085.6 中相应标准限值的份样数大于或者等于 1,即可判定该固体废物具有该种危险特性。

7.4　在进行毒性物质含量危险特性判断时,当同一种毒性成分在一种以上毒性物质中存在时,以分子量最高的物质进行计算和结果判断。

7.5　经鉴别具有危险特性的,应当根据其主要有害成分和危险特性确定所属危险废物类别,并按代码‘900 –000 – × ×’(× ×为《国家危险废物名录》中危险废物类别代码)进行归类。”

055　如何快速判断危险废物的“腐蚀性”?

应当根据《危险废物鉴别标准　腐蚀性鉴别》中确定的规则进行判断:

“3　鉴别标准

符合下列条件之一的固体废物,属于危险废物。

3.1　按照 GB/T 15555.12 –1995 的规定制备的浸出液,pH≥12.5,或者 pH≤2.0。

3.2　在 55℃条件下,对 GB/T 699 中规定的 20 号钢材的腐蚀速率

≥6. 35mm/a。”

符合上述标准的固体废物，判断为具有“腐蚀性”。

056 如何快速判断危险废物的“急性毒性”？

应当根据《危险废物鉴别标准　急性毒性初筛》中确定的规则进行判断：

“4　鉴别标准

符合下列条件之一的固体废物，属于危险废物。

4.1　经口摄取：固体 LD_{50} ≤200mg/kg，液体 LD_{50} ≤500mg/kg。

4.2　经皮肤接触：LD_{50} ≤1000mg/kg。

4.3　蒸气、烟雾或粉尘吸入：LC_{50} ≤10mg/L。”

符合上述标准的固体废物，判断为具有“毒性”。

057 如何快速判断危险废物的“浸出毒性”？

应当根据《危险废物鉴别标准　浸出毒性鉴别》中确定的规则进行判断：

“3　鉴别标准

按照 HJ/T 299 制备的固体废物浸出液中任何一种危害成分含量超过表 1[①]中所列的浓度限值，则判定该固体废物是具有浸出毒性特征的危险废物。”

---

① 参见本书表 2－4。——编者注

表 2－4　浸出毒性鉴别标准值

序号	危害成分项目	浸出液中危害成分浓度限值(mg/L)	分析方法
无机元素及化合物			
1	铜(以总铜计)	100	附录 A、B、C、D
2	锌(以总锌计)	100	附录 A、B、C、D
3	镉(以总镉计)	1	附录 A、B、C、D
4	铅(以总铅计)	5	附录 A、B、C、D
5	总铬	15	附录 A、B、C、D
6	铬(六价)	5	GB/T 15555.4－1995
7	烷基汞	不得检出[1]	GB/T 14204－93
8	汞(以总汞计)	0.1	附录 B
9	铍(以总铍计)	0.02	附录 A、B、C、D
10	钡(以总钡计)	100	附录 A、B、C、D
11	镍(以总镍计)	5	附录 A、B、C、D
12	总银	5	附录 A、B、C、D
13	砷(以总砷计)	5	附录 C、E
14	硒(以总硒计)	1	附录 B、C、E
15	无机氟化物(不包括氟化钙)	100	附录 F
16	氰化物(以 CN^- 计)	5	附录 G
有机农药类			
17	滴滴涕	0.1	附录 H
18	六六六	0.5	附录 H
19	乐果	8	附录 I
20	对硫磷	0.3	附录 I
21	甲基对硫磷	0.2	附录 I
22	马拉硫磷	5	附录 I
23	氯丹	2	附录 H
24	六氯苯	5	附录 H

续表

序号	危害成分项目	浸出液中危害成分浓度限值(mg/L)	分析方法
25	毒杀芬	3	附录 H
26	灭蚁灵	0.05	附录 H
非挥发性有机化合物			
27	硝基苯	20	附录 J
28	二硝基苯	20	附录 K
29	对硝基氯苯	5	附录 L
30	2,4-二硝基氯苯	5	附录 L
31	五氯酚及五氯酚钠(以五氯酚计)	50	附录 L
32	苯酚	3	附录 K
33	2,4-二氯苯酚	6	附录 K
34	2,4,6-三氯苯酚	6	附录 K
35	苯并(a)芘	0.0003	附录 K、M
36	邻苯二甲酸二丁酯	2	附录 K
37	邻苯二甲酸二辛酯	3	附录 L
38	多氯联苯	0.002	附录 N
挥发性有机物			
39	苯	1	附录 O、P、Q
40	甲苯	1	附录 O、P、Q
41	乙苯	4	附录 P
42	二甲苯	4	附录 O、P
43	氯苯	2	附录 O、P
44	1,2-二氯苯	4	附录 K、O、P、R
45	1,4-二氯苯	4	附录 K、O、P、R
46	丙烯腈	20	附录 O
47	三氯甲烷	3	附录 Q
48	四氯化碳	0.3	附录 Q

续表

序号	危害成分项目	浸出液中危害成分浓度限值(mg/L)	分析方法
49	三氯乙烯	3	附录 Q
50	四氯乙烯	1	附录 Q

注 1:“不得检出”指甲基汞 < 10ng/L,乙基汞 < 20ng/L。

符合上述标准的固体废物,判断为具有“毒性”。

058 如何快速判断危险废物的“易燃性”?

根据《危险废物鉴别标准　易燃性鉴别》中的规定进行判断:

“4. 鉴别标准

符合下列任何条件之一的固体废物,属于易燃性危险废物。

4.1　液态易燃性危险废物

闪点温度低于 60℃(闭杯试验)的液体、液体混合物或含有固体物质的液体。

4.2　固态易燃性危险废物

在标准温度和压力(25℃,101.3kPa)下因摩擦或自发性燃烧而起火,经点燃后能剧烈而持续地燃烧并产生危害的固态废物。

4.3　气态易燃性危险废物

在 20℃,101.3kPa 状态下,在与空气的混合物中体积分数≤13%时可点燃的气体,或者在该状态下,不论易燃下限如何,与空气混合,易燃范围的易燃上限与易燃下限之差大于或等于 12 个百分点的气体。”

符合上述标准的固体废物,判断为具有“易燃性”。

059 如何快速判断危险废物的“反应性”?

应当根据《危险废物鉴别标准　反应性鉴别》中确定的规则进行判断:

"4. 鉴别标准

符合下列任何条件之一的固体废物，属于反应性危险废物。

4.1　具有爆炸性质

4.1.1　常温常压下不稳定，在无引爆条件下，易发生剧烈变化。

4.1.2　标准温度和压力下（25℃，101.3kPa），易发生爆轰或爆炸性分解反应。

4.1.3　受强起爆剂作用或者在封闭条件下加热，能发生爆轰或爆炸反应。

4.2　与水或酸接触产生易燃气体或有毒气体

4.2.1　与水混合发生剧烈化学反应，并放出大量易燃气体和热量。

4.2.2　与水混合能产生足以危害人体健康或环境的有毒气体、蒸汽或烟雾。

4.2.3　在酸性条件下，每千克含氰化物废物分解产生≥250mg 氰化氢气体，或者每千克含硫化物废物分解产生≥500mg 硫化氢气体。

4.3　废弃氧化剂或有机过氧化物

4.3.1　极易引起燃烧或爆炸的废弃氧化剂。

4.3.2　对热、震动或摩擦极为敏感的含过氧基的废弃有机过氧化物。"

符合上述标准的固体废物，判断为具有"反应性"。

060 如何快速判断危险废物的"毒性物质含量"？

应当根据《危险废物鉴别标准　毒性物质含量鉴别》中确定的规则进行判断：

"4. 鉴别标准

符合下列条件之一的固体废物是危险废物。

4.1　含有本标准附录 A 中的一种或一种以上剧毒物质的总含量≥0.1%；

4.2　含有本标准附录 B 中的一种或一种以上有毒物质的总含量

≥3%；

4.3　含有本标准附录 C 中的一种或一种以上致癌性物质的总含量≥0.1%；

4.4　含有本标准附录 D 中的一种或一种以上致突变性物质的总含量≥0.1%；

4.5　含有本标准附录 E 中的一种或一种以上生殖毒性物质的总含量≥0.5%；

4.6　含有本标准附录 A 至附录 E 中两种及以上不同毒性物质，如果符合下列等式，按照危险废物管理：

$$\sum\left[\left(\frac{P_{T+}}{L_{T+}}+\frac{P_{T}}{L_{T}}+\frac{P_{Carc}}{L_{Carc}}+\frac{P_{Muta}}{L_{Muta}}+\frac{P_{Tera}}{L_{Tera}}\right)\right]\geq 1$$

式中：

P_{T+}——固体废物中剧毒物质的含量；

P_{T}——固体废物中有毒物质的含量；

P_{Carc}——固体废物中致癌性物质的含量；

P_{Muta}——固体废物中致突变性物质的含量；

P_{Tera}——固体废物中生殖毒性物质的含量；

L_{T+}、L_{T}、L_{Carc}、L_{Muta}、L_{Tera}——分别为各种毒性物质在 4.1～4.5 中规定的标准值。

4.7　含有本标准附录 F 中的任何一种持久性有机污染物（除多氯二苯并对二噁英、多氯二苯并呋喃外）的含量≥50mg/kg；

4.8　含有多氯二苯并对二噁英和多氯二苯并呋喃的含量≥15μgTEQ/kg。”

符合上述标准的固体废物，判断为具有“毒性”。

061 危险废物与其他固体废物“混合”后仍然是危险废物吗？

危险废物与其他固体废物混合后，其属性应当根据《危险废物鉴别标准 通则》第 5 条的规则进行判定：

“5.1　具有毒性、感染性中一种或两种危险特性的危险废物与其他物质混合，导致危险特性扩散到其他物质中，混合后的固体废物属于危险废物。

5.2　仅具有腐蚀性、易燃性、反应性中一种或一种以上危险特性的危险废物与其他物质混合，混合后的固体废物经鉴别不再具有危险特性的，不属于危险废物。

5.3　危险废物与放射性废物混合，混合后的废物应按照放射性废物管理。”

062 危险废物“利用处置”后仍然是危险废物吗?

危险废物利用处置后，其属性应当根据《危险废物鉴别标准　通则》第6条的规则进行判定：

“6.1　仅具有腐蚀性、易燃性、反应性中一种或一种以上危险特性的危险废物利用过程和处置后产生的固体废物，经鉴别不再具有危险特性的，不属于危险废物。

6.2　具有毒性危险特性的危险废物利用过程产生的固体废物，经鉴别不再具有危险特性的，不属于危险废物。除国家有关法规、标准另有规定的外，具有毒性危险特性的危险废物处置后产生的固体废物，仍属于危险废物。

6.3　除国家有关法规、标准另有规定的外，具有感染性危险特性的危险废物利用处置后，仍属于危险废物。”

063 新版《医疗废物分类目录》规定了哪些内容?

2021年11月25日，国家卫生健康委、生态环境部发布了《医疗废物分类目录(2021年版)》。该目录适用于各级各类医疗卫生机构，自发布之日起施行。

该目录主要作了以下规定：

(1)药物性废物和化学性废物可分别按照《国家危险废物名录》中HW03类和HW49类进行处置。

(2)废弃的麻醉、精神、放射性、毒性等药品及其相关废物的分类与处置,按照国家其他有关法律、法规、标准和规定执行。

(3)患者截肢的肢体以及引产的死亡胎儿,纳入殡葬管理。

(4)重大传染病疫情等突发事件产生的医疗废物,可按照县级以上人民政府确定的工作方案进行收集、贮存、运输和处置等。

(5)列入本目录附表2医疗废物豁免管理清单中的医疗废物,在满足相应的条件时,可以在其所列的环节按照豁免内容规定实行豁免管理。

064 对哪些"医疗废物"实行危险废物的"豁免管理"?

在《医疗废物分类目录》附表2《医疗废物豁免管理清单》中,列明了实行豁免管理的医疗废物(见表2-5):

表2-5 实行豁免管理的医疗废物

序号	名称	豁免环节	豁免条件	豁免内容
1	密封药瓶、安瓿瓶等玻璃药瓶	收集	盛装容器应满足防渗漏、防刺破要求,并有医疗废物标识或者外加一层医疗废物包装袋。标签为损伤性废物,并注明:密封药瓶或者安瓿瓶	可不使用利器盒收集
2	导丝	收集	盛装容器应满足防渗漏、防刺破要求,并有医疗废物标识或者外加一层医疗废物包装袋。标签为损伤性废物,并注明:导丝	可不使用利器盒收集
3	棉签、棉球、输液贴	全部环节	患者自行于按压止血而未收集于医疗废物容器中的棉签、棉球、输液贴	全过程不照医疗废物管理
4	感染性废物、损伤性废物以及相关技术可处理的病理性废物	运输、贮存、处置	按照相关处理标准规范,采用高温蒸汽、微波、化学消毒、高温干热或者其他方式消毒处理后,在满足相关入厂(场)要求的前提下,运输至生活垃圾焚烧厂或生活垃圾填埋场等处置	运输、贮存、处置过程不按照医疗废物管理

第三章　危险废物行为管理

本章介绍了危险废物收集、贮存、倾倒、堆放、运输、提供、委托、利用、处置等法律行为的管理规范和注意事项，是避免危险废物风险发生的基本方法。

065 法律对于“倾倒、堆放危险废物”如何规定？

根据《固体废物污染环境防治法》第 79 条的规定，“产生危险废物的单位，应当按照国家有关规定和环境保护标准要求贮存、利用、处置危险废物，不得擅自倾倒、堆放”。

因此，“不得擅自倾倒、堆放”，就是对于“倾倒、堆放”危险废物的要求。

那么，什么是“擅自倾倒、堆放”呢？

不按照法律规定倾倒、堆放，就是“擅自倾倒、堆放”。

066 “收集”危险废物时，危险废物的“包装形式”应当符合哪些要求？

根据《危险废物收集　贮存　运输技术规范》的规定，危险废物收集时应根据危险废物的种类、数量、危险特性、物理形态、运输要求等因素确定包装形式，具体包装应符合以下几点要求：

(1)包装材质要与危险废物相容，可根据废物特性选择钢、铝、塑料等材质。

(2)性质类似的废物可收集到同一容器中,性质不相容的危险废物不应混合包装。

(3)危险废物包装应能有效隔断危险废物迁移扩散途径,并达到防渗、防漏要求。

(4)包装好的危险废物应设置相应的标签,标签信息应填写完整翔实。

(5)盛装过危险废物的包装袋或包装容器破损后应按危险废物进行管理和处置。

(6)危险废物还应根据 GB 12463 的有关要求进行运输包装。

067 开展危险废物的“收集作业”应满足哪些要求?

根据《危险废物收集　贮存　运输技术规范》的规定,开展危险废物的收集作业应满足以下几点要求:

(1)应根据收集设备、转运车辆以及现场人员等实际情况确定相应作业区域,同时要设置作业界限标志和警示牌。

(2)作业区域内应设置危险废物收集专用通道和人员避险通道。

(3)收集时应配备必要的收集工具和包装物,以及必要的应急监测设备及应急装备。

(4)危险废物收集应填写下面的记录表(表 3 - 1),并将记录表作为危险废物管理的重要档案妥善保存。

表 3 - 1　危险废物收集记录表

收集地点		收集日期	
危险废物种类		危险废物名称	
危险废物数量		危险废物形态	
包装形式		暂存地点	
责任主体			
通信地址			

续表

联系电话		邮编	
收集单位			
通信地址			
联系电话		邮编	
收集人签字		责任人签字	

(5)收集结束后应清理和恢复收集作业区域,确保作业区域环境整洁安全。

(6)收集过危险废物的容器、设备、设施、场所及其他物品转作他用时,应消除污染,确保其使用安全。

068 相关规定对于危险废物"贮存容器"有什么要求?

根据《危险废物贮存污染控制标准》的规定,危险废物贮存容器应当符合下列要求:

(1)应当使用符合标准的容器盛装危险废物。

(2)装载危险废物的容器及材质要满足相应的强度要求。

(3)装载危险废物的容器必须完好无损。

(4)盛装危险废物的容器材质和衬里要与危险废物相容(不相互反应)。

(5)液体危险废物可注入开孔直径不超过 70mm 并有放气孔的桶中。

069 "贮存"危险废物应当符合哪些法律要求?

根据《固体废物污染环境防治法》的规定,"贮存"危险废物应当符合下列要求:

(1)设置危险废物标志

对危险废物的容器和包装物以及收集、贮存、运输、利用、处置危险废物的设施、场所,应当按照规定设置危险废物识别标志。(第 77 条)

(2)记录贮存信息并申报资料

产生危险废物的单位,应当按照国家有关规定如实记录有关信息,并通过国家危险废物信息管理系统向所在地生态环境主管部门申报危险废物的贮存等有关资料。(第78条第1款)

(3)按照规定和标准贮存

产生危险废物的单位,应当按照国家有关规定和环境保护标准要求贮存危险废物。(第79条)

(4)禁止无证贮存经营

禁止无许可证或者未按照许可证规定从事危险废物收集、贮存、利用、处置的经营活动。(第80条第2款)

(5)按照特性分类贮存

贮存危险废物,应当按照危险废物特性分类进行。禁止混合贮存性质不相容而未经安全性处置的危险废物。(第81条第1款)

(6)采取防护措施贮存

贮存危险废物应当采取符合国家环境保护标准的防护措施。禁止将危险废物混入非危险废物中贮存。(第81条第2款)

(7)贮存经营不超一年

从事收集、贮存、利用、处置危险废物经营活动的单位,贮存危险废物不得超过一年;确需延长期限的,应当报经颁发许可证的生态环境主管部门批准;法律、行政法规另有规定的除外。(第81条第3款)

070 如何判断危险废物与"容器及容器衬垫材料"的"相容性"?

《危险废物贮存污染控制标准》附录B列出了"不同危险废物种类与一般容器的化学相容性"(见表3-2):

表 3-2 不同危险废物种类与一般容器的化学相容性

	容器或衬垫的材料							
	高密度聚乙烯	聚丙烯	聚氯乙烯	聚四氟乙烯	软碳钢	不锈钢		
						$OCr_{18}N_{i9}$（GB）	$M_{03}T_i$（GB）	$9Cr_{18}M_0V$（GB）
酸（非氧化）如硼酸、盐酸	R	R	A	R	N	*	*	*
酸（氧化）如硝酸	R	N	N	R	N	R	R	*
碱	R	R	A	R	N	R	*	R
铬或非铬氧化剂	R	A*	A*	R	N	A	A	*
废氰化物	R	R	R	A*—N	N	N	N	N
卤化或非卤化溶剂	*	N	N	*	A*	A	A	A
金属盐酸液	R	A*	A*	R	A*	A*	A*	A*
金属淤泥	R	R	R	R	R	*	R	*
混合有机化合物	R	N	N	A	R	R	R	R
油腻废物	R	N	N	R	A*	R	R	R
有机淤泥	R	N	N	R	R	*	R	*
废漆油（原於溶剂）	R	N	N	R	R	R	R	R
酚及其衍生物	R	A*	A*	R	N	A*	A*	A*
聚合前驱物及产生的废物	R	N	N	*	R	*	*	*
皮革废物（铬鞣溶剂）	R	R	R	R	N	*	R	*
废催化剂	R	*	*	A*	A*	A*	A*	A*

注：A：可接受；N：不建议使用；R：建议使用。
*：因变异性质，请参阅个别化学品的安全资料。

071 哪些危险废物是“不相容”的危险废物？

《危险废物贮存污染控制标准》附录 B 列出了部分不相容的危险废物，见表 3-3。

表 3－3　部分不相容的危险废物

不相容危险废物		混合时会产生的危险
甲	乙	
氰化物	酸类、非氧化	产生氰化氢、吸入少量可能会致命
次氯酸盐	酸类、非氧化	产生氯气，吸入可能会致命
铜、铬及多种重金属	酸类、氧化，如硝酸	产生二氧化氮、亚硝酸烟，引致刺激眼目及烧伤皮肤
强酸	强碱	可能引起爆炸性的反应及产生热能
铵盐	强碱	产生氨气，吸入会刺激呼吸道
氧化剂	还原剂	可能引起强烈及爆炸性的反应及产生热能

在生产经营过程中遇到的不相容危险废物远远不止这些，企业管理人员应当注意发现，并避免混合贮存、运输。

072 如何“运行”和“管理”危险废物“贮存设施”？

根据《危险废物贮存污染控制标准》（GB 18597）的规定，从事危险废物贮存的单位应当做到：

（1）从事危险废物贮存的单位，必须得到有资质单位出具的该危险废物样品物理和化学性质的分析报告，认定可以贮存后，方可接收。

（2）危险废物贮存前应进行检验，确保同预定接收的危险废物一致，并登记注册。

（3）不得接收未粘贴符合有关规定的标签或标签没按规定填写的危险废物。

（4）盛装在容器内的同类危险废物可以堆叠存放。

（5）每个堆间应留有搬运通道。

（6）不得将不相容的废物混合或合并存放。

（7）危险废物产生者和危险废物贮存设施经营者均须做好危险废物情况的记录，记录上须注明危险废物的名称、来源、数量、特性和包装容器的类别、入库日期、存放库位、废物出库日期及接收单位名称。危险废物的记录和货单在危险废物回取后应继续保留3年。

(8)必须定期对所贮存的危险废物包装容器及贮存设施进行检查,发现破损,应及时采取措施清理更换。

(9)泄漏液、清洗液、浸出液必须符合GB 8978(《污水综合排放标准》)的要求方可排放;气体导出口排出的气体经处理后,应满足GB 16297(《大气污染物综合排放标准》)和GB 14554(《恶臭污染物排放标准》)的要求。

073 企业"贮存"本单位产生的危险废物不能超过一年吗?

法律对于危险废物非经营单位,并无危险废物贮存时限的规定。

《固体废物污染环境防治法》第81条第3款规定:"从事收集、贮存、利用、处置危险废物经营活动的单位,贮存危险废物不得超过一年……"这仅仅是对于危险废物经营单位的规定。

074 危险废物"内部转运作业"应满足哪些要求?

根据《危险废物收集　贮存　运输技术规范》的规定,危险废物内部转运作业应满足以下要求:

(1)危险废物内部转运应综合考虑厂区的实际情况确定转运路线,尽量避开办公区和生活区。

(2)危险废物内部转运作业应采用专用的工具,危险废物内部转运应填写表3-4:

表 3－4　危险废物产生单位内转运记录表

企业名称：

危险废物种类		危险废物名称	
危险废物数量		危险废物形态	
产生地点		收集日期	
包装形式		包装数量	
转移批次		转移日期	
转移人		接收人	
责任主体			
通信地址			
联系电话		邮政编码	

(3)危险废物内部转运结束后，应对转运路线进行检查和清理，确保无危险废物遗失在转运路线上，并对转运工具进行清洗。

075　“运输危险废物”应当符合哪些“法律要求”？

根据《固体废物污染环境防治法》的规定，运输危险废物应当符合下列要求：

(1)运输危险废物的单位和其他生产经营者，应当加强对相关设施、设备和场所的管理和维护，保证其正常运行和使用。(第 19 条)

(2)运输危险废物的单位和其他生产经营者，应当采取防扬散、防流失、防渗漏或者其他防止污染环境的措施，不得擅自倾倒、堆放、丢弃、遗撒危险废物。(第 20 条第 1 款)

(3)运输危险废物等活动的单位和其他生产经营者接受现场检查时，应当如实反映情况，并提供必要的资料。(第 26 条第 1 款)

(4)运输危险废物的单位，应当依法及时公开危险废物污染环境防治信息，主动接受社会监督。(第 29 条第 2 款)

(5)运输工业源危险废物，应当依照有关法律法规的规定和合同约定履

行污染防治要求，并将运输情况告知产生工业固体废物的单位。（第37条第2款）

（6）对危险废物的贮存设施，应当按照规定设置危险废物识别标志。（第77条）

（7）不得混合运输性质不相容而未经安全性处置的危险废物。（第81条第1款）

（8）医疗废物集中处置单位应当及时运输医疗废物。（第90条第3款）

076 “运输危险废物”应当符合哪些“技术要求”？

根据《危险废物收集　贮存　运输技术规范》的规定，危险废物的运输应当符合以下要求：

（1）危险废物运输应由持有危险废物经营许可证的单位按照其许可证的经营范围组织实施，承担危险废物运输的单位应获得交通运输部门颁发的危险货物运输资质。

（2）危险废物公路运输应按照《道路危险货物运输管理规定》、JT 617（《汽车运输危险货物规则》）以及JT 618（《汽车运输、装卸危险货物作业规程》）执行；危险废物铁路运输应按《铁路危险货物运输管理规则》规定执行；危险废物水路运输应按《水路危险货物运输规则》规定执行。

（3）废弃危险化学品的运输应执行《危险化学品安全管理条例》有关运输的规定。

（4）运输单位承运危险废物时，应在危险废物包装上按照GB 18597（《危险废物贮存污染控制标准》）附录A设置标志，其中医疗废物包装容器上的标志应按HJ 421（《医疗废物专用包装袋、容器和警示标志标准》）要求设置。

（5）危险废物公路运输时，运输车辆应按GB 13392（《道路运输危险货物车辆标志》）设置车辆标志。铁路运输和水路运输危险废物时应在集装箱外按GB 190（《危险货物包装标志》）规定悬挂标志。

(6)危险废物运输时的中转、装卸过程应遵守以下技术要求：

①卸载区的工作人员应熟悉废物的危险特性，并配备适当的个人防护装备，装卸剧毒废物应配备特殊的防护装备。

②卸载区应配备必要的消防设备和设施，并设置明显的指示标志。

③危险废物装卸区应设置隔离设施，液态废物卸载区应设置收集槽和缓冲罐。

077 “提供、委托”危险废物应当符合哪些要求？

《固体废物污染环境防治法》第 80 条第 3 款规定，“禁止将危险废物提供或者委托给无许可证的单位或者其他生产经营者从事收集、贮存、利用、处置活动”。根据上述规定，任何人不得将危险废物“交给”无危险废物经营许可证的人。这是对危险废物“提供、委托”人的最基本要求。

如果对方有危险废物经营许可证，是不是就可以随意“提供、委托”了呢？

根据《固体废物污染环境防治法》第 37 条的规定，如果危险废物是工业固体废物，也即危险废物来源于工业生产过程中，产生废物的单位委托他人“运输、利用、处置”废物的，应当完成三件事情，才算符合法律规定的要求：

(1)对受托方的主体资格和技术能力进行核实；

(2)与受托人依法签订书面合同；

(3)在合同中约定污染防治要求。

078 如何核实“危险废物处置单位”的主体资格和技术能力？

根据《固体废物污染环境防治法》第 37 条的规定，产生废物的单位委托他人运输、利用、处置废物的，应当对受托方的主体资格和技术能力进行核实，依法签订书面合同，在合同中约定污染防治要求。

因此，危险废物的产生单位，在委托他人运输、利用、处置危险废物前，应当对受托方的资质从以下方面进行核实：

（1）主体资格

现行法律不允许个人开展运输、利用、处置危险废物经营活动，即使个人办理工体工商户营业执照也不允许。因此，受托方必须是法人单位，必须持有法人单位的营业执照。

（2）经营资格

接受委托开展危险废物道路运输活动的单位，应当持有“道路危险货物运输许可证”，且许可证的“经营范围”中应当包含委托方要委托运输的项目。接受委托开展危险废物铁路、水路运输的单位，也应当持有相应经营证书。如图 3－1 所示：

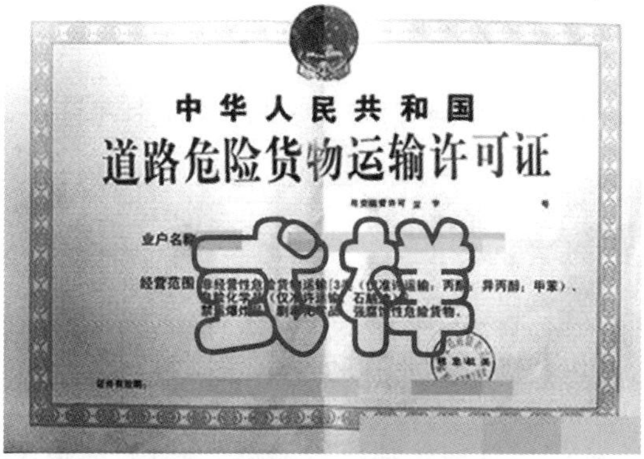

图 3－1　道路危险货物运输许可许式样

接受委托开展危险废物利用、处置活动的单位，应当持有“危险废物经营许可证”，且许可证的“经营范围”中应当包含委托方要委托运输的项目。如图 3－2 所示：

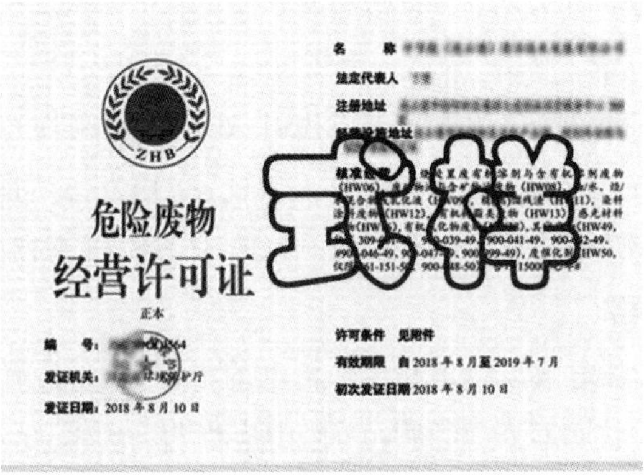

图 3-2 危险废物经营许可证式样

(3)技术能力

接受委托开展危险废物道路运输活动的单位,应当具有相应的运输工具和相应的防治污染、安全运输的设施、设备及技术人员。

接受委托开展危险废物利用、处置活动的单位,应当具备相应的利用、处置设施、设备以及人员。

079 "利用、处置"危险废物应当符合哪些要求?

根据《固体废物污染环境防治法》的规定,利用、处置危险废物应当符合以下要求:

(1)利用、处置危险废物的单位和个人,应当采取措施,防止或者减少固体废物对环境的污染,对所造成的环境污染依法承担责任。(第 5 条第 2 款)

(2)产生危险废物的单位,应当按照国家有关规定和环境保护标准要求利用、处置危险废物。(第 79 条)

(3)不得混合处置性质不相容而未经安全性处置的危险废物。(第 81 条第 1 款)

(4)利用、处置危险废物的单位,应当依法制定意外事故的防范措施和应急预案,并向所在地生态环境主管部门和其他负有固体废物污染环境防

治监督管理职责的部门备案。（第 85 条）

（5）利用、处置危险废物的单位，应当按照国家有关规定，投保环境污染责任保险。（第 99 条）

080 “非法利用危险废物”与“非法处置危险废物”有何区别？

根据《固体废物污染环境防治法》第 124 条的规定，“利用”“是指从固体废物中提取物质作为原材料或者燃料的活动”，而“处置”则“是指将固体废物焚烧和用其他改变固体废物的物理、化学、生物特性的方法，达到减少已产生的固体废物数量、缩小固体废物体积、减少或者消除其危险成分的活动，或者将固体废物最终置于符合环境保护规定要求的填埋场的活动”。从两者的概念来看，“利用”与“处置”有着本质的区别。

但是，在最高人民法院、最高人民检察院《关于办理环境污染刑事案件适用法律若干问题的解释》第 16 条中，将“非法利用危险废物”和“非法处置危险废物”视为同一种行为。该条规定：无危险废物经营许可证，以营利为目的，从危险废物中提取物质作为原材料或者燃料，并具有超标排放污染物、非法倾倒污染物或者其他违法造成环境污染情形的行为，应当认定为“非法处置危险废物”。

081 企业“收集、贮存”本单位产生的危险废物，需要领取“危险废物经营许可证”吗？

不需要。

理由是：企业收集、贮存本单位产生的危险废物，不是危险废物的经营活动，法律也没有禁止企业收集、贮存本单位产生的危险废物。

但是，无论收集还是贮存，都必须符合法律的规定，都不能造成环境污染。

082 收集许可证外的危险废物，属于未按照许可证规定从事危险废物收集、贮存、利用、处置的经营活动，还是无证经营？

在行政执法中，此行为属于“未按照许可证规定从事危险废物收集、贮存、利用、处置的经营活动”。如果涉及刑事犯罪，则属于“无证经营危险废物收集、贮存、利用、处置的经营活动”。

在《固体废物污染环境防治法》中，“无许可证从事收集、贮存、利用、处置危险废物经营活动”与“未按照许可证规定从事收集、贮存、利用、处置危险废物经营活动”是两种完全不同的违法行为。

根据最高人民法院、最高人民检察院《关于办理环境污染刑事案件适用法律若干问题的解释》第 17 条第 6 款的规定，“无危险废物经营许可证”，是指未取得危险废物经营许可证，或者超出危险废物经营许可证的经营范围。上述规定将“未取得危险废物经营许可证”与“超出危险废物经营许可证的经营范围”从事经营活动作为同一种犯罪情形对待。

083 企业“利用、处置”本单位产生的危险废物，需要“危险废物经营许可证”吗？

不需要。

理由是：法律没有禁止性规定。事实上，《固体废物污染环境防治法》许多条款都是鼓励产废单位对固体废物包括危险废物的综合利用的。当然，无论利用还是处置，都必须符合法律的规定，必须符合污染物排放标准，都不能造成环境污染。

《危险废物环境许可证管理办法（修订草案）》明确了这一点：“仅收集、贮存、利用、处置本单位产生的危险废物的单位，无需申领危险废物环境许可证，依法执行排污许可管理制度的规定。”

084 “集团内部企业成员”之间“利用、处置”本集团产生的危险废物需要“危险废物经营许可证”吗？

需要。

因为集团企业成员之间“利用、处置”本集团内部产生的危险废物涉及危险废物的转移，而且“利用、处置”的危险废物也非本“法人”单位产生，因此需要危险废物经营许可证。

如果地方性法规有规定，或者经过主管部门批准，应当依照有关规定执行。

085 企业可以“销售、买卖”本单位产生的危险废物吗？

既可以，也不可以。

环境法律不调整危险废物及其他固体废物的“销售、买卖”关系。环境法律只调整针对各种废物的“提供、委托”行为，以及“收集、贮存、堆放、利用、处置、转移、运输”行为，而且不管是有偿还是无偿，是正价格还是负价格。

086 “将收集、贮存、运输、处置危险废物的场所、设施、设备和容器、包装物及其他物品转作他用”应当注意哪些问题？

根据《固体废物污染环境防治法》第84条的规定，“收集、贮存、运输、利用、处置危险废物的场所、设施、设备和容器、包装物及其他物品转作他用时，应当按照国家有关规定经过消除污染处理，方可使用”。

《危险废物贮存污染控制标准》中规定，危险废物贮存设施关闭时应当采取以下措施：

(1)危险废物贮存设施经营者在关闭贮存设施前应提交关闭计划书，经批准后方可执行。

(2)危险废物贮存设施经营者必须采取措施消除污染。

(3)无法消除污染的设备、土壤、墙体等按危险废物处理,并运至正在营运的危险废物处理处置场或其他贮存设施中。

087 企业发生危险废物“环境污染事故”应当如何处理?

发生危险废物污染环境事故,企业首先应当按照《固体废物污染环境防治法》第86条的规定,“立即采取有效措施消除或者减轻对环境的污染危害,及时通报可能受到污染危害的单位和居民,并向所在地生态环境主管部门和有关部门报告,接受调查处理”。

其次,企业应当按照《突发环境事件应急管理办法》第23条的规定,“立即启动突发环境事件应急预案,采取切断或者控制污染源以及其他防止危害扩大的必要措施,及时通报可能受到危害的单位和居民,并向事发地县级以上环境保护主管部门报告,接受调查处理”。“应急处置期间”,企业“应当服从统一指挥,全面、准确地提供本单位与应急处置相关的技术资料,协助维护应急现场秩序,保护与突发环境事件相关的各项证据”。

最后,根据该办法第34条的规定,企业还“应当按照有关规定,采取便于公众知晓和查询的方式公开本单位环境风险防范工作开展情况、突发环境事件应急预案及演练情况、突发环境事件发生及处置情况,以及落实整改要求情况等环境信息”。

第四章　危险废物日常管理

本章介绍了危险废物管理计划、危险废物管理台账、危险废物转移、危险废物监测等内容的管理规范和注意事项，是避免危险废物管理风险的重要内容。

088 “制定危险废物管理计划”应当符合哪些要求？

根据《固体废物污染环境防治法》第 78 条的规定，产生危险废物的单位“制定危险废物管理计划”，应当符合以下要求：

（1）“按照国家有关规定制定危险废物管理计划”；

（2）废物管理计划应当包括减少危险废物产生量和降低危险废物危害性的措施以及危险废物贮存、利用、处置措施；

（3）危险废物管理计划应当报产生危险废物的单位所在地生态环境主管部门备案；

（4）产生危险废物的单位已经取得排污许可证的，执行排污许可管理制度的规定。

具体来说，“制定危险废物管理计划”应当参照《危险废物产生单位管理计划制定指南》进行。

089 “制定危险废物管理计划”应当遵循哪些基本原则？

参照《危险废物产生单位管理计划制定指南》，产生危险废物的单位“制定危险废物管理计划”应当遵循以下基本原则：

（1）依法制定，严格落实。产废单位应依据国家相关法律法规和标准规范的有关要求制定管理计划，并严格按照管理计划加强危险废物全生命周期的环境管理。

（2）源头减量，过程控制。管理计划应注重减少危险废物的产生量和危害性，并采取防范措施避免危险废物在贮存、利用、处置等过程中的环境风险。

（3）因地制宜，切合实际。以本指南为基础，在确保管理计划真实和可操作的前提下，企业可以结合实际情况，商所在地县级以上人民政府环境保护主管部门调整相关内容。

090 “危险废物管理计划”应当符合哪些形式要求？

参照《危险废物产生单位管理计划制定指南》，危险废物管理计划应当以书面形式制定并装订成册，封面和正文的排版使用既定格式。可以在封面上增加企业标志。按照填表说明填写《危险废物管理计划》，并附《危险废物管理计划备案登记表》。

091 “制定危险废物管理计划”应当符合哪些时限要求？

参照《危险废物产生单位管理计划制定指南》，原则上管理计划按年度制定，并存档 5 年以上。鼓励产废单位制定 5～10 年的中长期管理计划。制定中长期管理计划的，应当按年度制定实施计划。

092 子公司、分公司还用制定“危险废物管理计划”吗？

参照《危险废物产生单位管理计划制定指南》，危险废物管理计划应由具有独立法人资格的产废单位制定。对拥有具有独立法人资格子公司和不具有独立法人资格的分公司或者生产基地的集团公司，按以下规则进行制定：

（1）子公司单独制定。

（2）分公司或者生产基地（统称所属单位），按照属地管理原则划分制定单位。所属单位可与集团公司一起制定，也可分别单独制定。原则上，所属单位与集团公司不在同一设区的市的，应当分别单独制定。

093 危险废物产生单位如何建立“危险废物管理台账”？

《固体废物污染环境防治法》第 78 条规定，产生危险废物的单位应当“建立危险废物管理台账，如实记录有关信息”。

该条同时规定：“产生危险废物的单位已经取得排污许可证的，执行排污许可管理制度的规定。”

具体来说，产生危险废物的单位应当参照《危险废物产生单位管理计划制定指南》附 3“危险废物产生单位建立台账的要求”，做到“如实记录、定期汇总、专人保管”。这虽然不是法律规定，但是企业如果能够做好，就能有效避免行政处罚。

如果本单位有排污许可证，产生废物的单位应当按照排污许可证中的相关要求，以及《排污单位环境管理台账及排污许可证执行报告技术规范总则（试行）》中的相关规定执行。

094 危险废物产生单位如何“申报危险废物有关资料”？

根据《固体废物污染环境防治法》第 78 条的规定，产生危险废物的单位应当“通过国家危险废物信息管理系统向所在地生态环境主管部门申报危险废物的种类、产生量、流向、贮存、处置等有关资料”。

现在的登录网址是：https：//gfmh. meescc. cn/。申报企业应当随时关注网站的变化。

根据《固体废物污染环境防治法》第 78 条第 3 款的规定，“产生危险废物的单位已经取得排污许可证的，执行排污许可管理制度的规定”。

095 企业制定“危险废物意外事故防范措施和应急预案”的步骤是什么？

根据《企业事业单位突发环境事件应急预案备案管理办法（试行）》（环发〔2015〕4 号）的规定，结合对危险废物管理的其他要求，企业制定“危险废物意外事故防范措施和应急预案”，既可以自己制定，也可以委托第三方制定，但都应当按照以下步骤：

（1）成立危险废物意外事故防范措施和应急预案编制组，明确编制组组长和成员组成、工作任务、编制计划和经费预算。

（2）分析本单位危险废物的种类和产生量，以及贮存、转移、委托利用、处置情况。

（3）识别环境危害因素，调查企业第一时间可调用的环境应急队伍、装备、物资、场所等应急资源状况和可请求援助或协议援助的应急资源状况。

（4）确定内容，重点说明可能的突发环境事件情景下需要采取的处置措施，编制危险废物意外事故防范措施和应急预案。

（5）组织专家和可能受影响的居民、单位代表对环境应急预案进行评审，开展演练进行检验。

（6）危险废物意外事故防范措施和应急预案经企业有关会议审议，由企业主要负责人签署发布。

（7）在危险废物意外事故防范措施和应急预案签署发布之日起 20 个工作日内，向企业所在地主管部门备案。

096 “危险废物意外事故防范措施和应急预案”应当包括哪些内容？

根据《企业事业单位突发环境事件应急预案备案管理办法（试行）》（环发〔2015〕4 号）的规定，结合对危险废物管理的其他要求，企业“危险废物意外事故防范措施和应急预案”应当包括以下内容：

（1）危险废物意外事故定义，也即明确什么是“危险废物意外事故”。

（2）危险废物意外事故分级，也即按照意外事故的严重程度，进行等级划分。

（3）应急指挥系统及职责，也即当发生意外事故时，应急指挥系统的人员组成及职责。

（4）危险废物意外事故防范措施，也即防止、避免危险废物意外事故发生的措施。

（5）危险废物意外事故应急响应，也即当发生危险废物意外事故时，准备采取的相应措施。

（6）结束危险废物意外事故应急响应的条件，也即当满足一定条件时，可以结束应急响应。

097 哪些地方应当设置“危险废物识别标志”？

《固体废物污染环境防治法》第 77 条规定：“对危险废物的容器和包装物以及收集、贮存、运输、利用、处置危险废物的设施、场所，应当按照规定设置危险废物识别标志。”

根据上述规定，以下地点、设备应当设置危险废物标志：

（1）危险废物的容器；

（2）危险废物的包装物；

（3）收集、贮存、运输、利用、处置危险废物的设施（可以理解为“与危险废物有关的设施”）；

(4)收集、贮存、运输、利用、处置危险废物的场所(可以理解为“与危险废物有关的场所”)。

098 危险废物贮存场所、处置场所应当如何设置“危险废物识别标志”?

根据《环境保护图形标志——固体废物贮存(处置)场》的规定,在危险废物贮存、处置场设置识别标志应当符合下列要求:

(1)危险废物识别标志的组成

标志,是指给人以行为指示的符号和说明性文字。而符号,包括提示图形符号和警告图形符号。

提示图形符号,是用于向人们提供某种环境信息的符号。

警示图形符号,是用于提醒人们注意废物贮存、处置过程中可能造成危害的符号。

危险废物的贮存、处置场所没有提示图形符号,只有警示图形符号。

(2)危险废物图形符号的形状

危险废物图形符号的形状见图4-1:

图4-1 危险废物图形符号形状

(3)危险废物识别标志的形状和颜色

危险废物识别标志的形状为“三角形边框”,背景颜色为“黄色”,图形颜色为“黑色”。

(4)危险废物标志牌的设置位置

危险废物标志牌可以安装在墙壁上,也可以安装在支架上,但应当设在醒目的位置,便于人们看到。

(5)危险废物标志牌的检查与维修

危险废物标志牌应当保持清晰、完整。当发现形象损坏、颜色污染或有变化、褪色等情况,应当及时维修或更换。

099 危险废物贮存设施应当如何设置“危险废物识别标志”?

根据《危险废物收集　贮存　运输技术规范》中的要求,危险废物贮存设施应根据贮存的废物种类和特性按照 GB 18597(《危险废物贮存污染控制标准》)附录 A 设置标志。

其中,危险废物标签应当按照表 4－1 设置标志:

表 4－1　危险废物标签设置内容

<table>
<tr><td colspan="2">危险废物</td></tr>
<tr><td>主要成分:
化学名称:</td><td rowspan="3">危险类别

</td></tr>
<tr><td>危险情况:</td></tr>
<tr><td>安全措施:</td></tr>
<tr><td colspan="2">废物产生单位:
地址:
电话:　　　　联系人:
批次:　　　　数量:　　　　出厂日期:</td></tr>
</table>

注:危险废物标签的宽窄比例为 1∶1,字体为黑体字,底色为醒目的桔黄色。

危险废物种类应当按照表 4－2 中的文字和图案设置标志:

表 4－2　危险废物种类设置标志内容

危险分类	符号	危险分类	符号
Explosive 爆炸性		Toxic 有毒	
Flammable 易燃		Harmful 有害	
Oxidizing 助燃		Corrosive 腐蚀性	
Irritant 刺激性		Asbestos 石棉	

100　医疗废物包装容器上应当如何设置标志？

医疗废物包装容器上的标志应按照《医疗废物专用包装袋、容器和警示标志标准》中的要求设置。具体应当符合下列要求：

（1）警示标志的形式为直角菱形，警告语应与警示标志组合使用，样式如图 4－2 所示。

图 4－2　带警告语的警示标志

（2）警示标志的颜色和规格应符合表 4－3 的规定：

表 4－3　警示标志的颜色和规格标准

标志颜色		
	菱形边框	黑色
	背景色	淡黄（GB/T 3181 中的 Y06）
	中英文文字	黑色
标志规格		
包装袋	感染性标志	高度最小 5.0cm
	中文文字	高度最小 1.0cm
	英文文字	高度最小 0.6cm
	警示标志	最小 12.0cm × 12.0cm
利器盒	感染性标志	高度最小 2.5cm
	中文文字	高度最小 0.5cm
	英文文字	高度最小 0.3cm
	警示标志	小 6.0cm × 6.0cm
周转箱（桶）	感染性标志	高度最小 10.0cm
	中文文字	高度最小 2.5cm
	英文文字	高度最小 1.65cm
	警示标志	最小 20.0cm × 20.0cm

（3）带有警告语的警示标志的底色为包装袋和容器的背景色，边框和警告语的颜色均为黑色，长宽比为 2∶1，其中宽度与警示标志的高度相同。

(4)警示标志和警告语的印刷质量要求:油墨均匀;图案、文字清晰、完整;套印准确,套印误差应不大于1mm。

医疗废物包装袋的颜色为淡黄,颜色应符合GB/T 318(漆膜颜色标准)中Y06的要求,包装袋的明显处应印制图4-2所示的警示标志和警告语。

101 运输单位承运危险废物时应当如何设置"危险废物识别标志"?

运输单位承运危险废物时,应在危险废物包装上按照GB 18597(《危险废物贮存污染控制标准》)附录A设置标志。

根据《医疗废物转运车技术要求(试行)》的规定,医疗废物转运车应在车辆的前部、后部及车厢两侧喷涂警示性标志(见图4-3):

图4-3 医疗废物转运车标志

医疗废物转运车标志如图4-3所示,标志图形和文字颜色为黑色,底色为醒目的橘红色。

医疗废物转运车应在驾驶室明显部位标注车辆运输医疗废物警示说明,包括但不限于以下内容:

"本车仅适用于采用专用周转箱盛装专用塑料袋密封包装的医疗废物运输。

本车不适用于其他方式的医疗废物运输。

本车未经国家认可部门检验批准,禁止用于医疗废物以外的其他货物运输。"

102 危险废物公路运输、铁路运输、水路运输时应当如何设置“危险废物识别标志”？

危险废物公路运输时，运输车辆应按 GB 13392(《道路运输危险废物车辆标志》)设置车辆标志。

道路运输危险货物车辆标志分为标志灯和标志牌。

标志灯的结构和类型应当符合相关要求。

标志牌的材质为金属板材，形状为菱形，其质量、规格、尺寸、编号牌应当符合相关要求。

标志牌的部分图形见表 4 – 4：

表 4 – 4　标志牌部分图形

名称	标志牌图形	对应的危险货物类项号
有毒品	 底色：白色；图案：黑色	6.1
感染性物品	 底色：白色；图案：黑色	6.2
腐蚀品	 底色：上白下黑色；案：上黑下白色	8

铁路运输和水路运输危险废物时应在集装箱外按 GB 190(《危险货物包装标志》)规定悬挂标志。

其中,危害环境物质和物品的标记图形符号见图 4－4:

图 4－4　危害环境物质和物品的标记图形符号

注:图形是黑色,底色为白色。

103 "转移危险废物"需要履行哪些手续?

根据《固体废物污染环境防治法》第 82 条的规定,转移危险废物的,应当履行下列手续:

(1)不跨省、自治区、直辖市转移危险废物的应当按照国家有关规定填写、运行危险废物电子或者纸质转移联单。

(2)跨省、自治区、直辖市转移危险废物的还应当向危险废物移出地省、自治区、直辖市人民政府生态环境主管部门申请获得批准。未经批准的,不得转移。

104 危险废物转移的移出人、承运人、接受人、托运人的含义各是什么?

《危险废物转移管理办法》第 31 条规定:

移出人,是指危险废物转移的起始单位,包括危险废物产生单位、危险废物收集单位等。

承运人，是指承担危险废物运输作业任务的单位。

接受人，是指危险废物转移的目的地单位，即危险货物的收货人。

托运人，是指委托承运人运输危险废物的单位，只能由移出人或者接受人担任。

105　危险废物的移出人应当履行哪些义务？

根据《危险废物转移管理办法》第10条的规定，移出人应当履行以下义务：

（1）对承运人或者接受人的主体资格和技术能力进行核实，依法签订书面合同，并在合同中约定运输、贮存、利用、处置危险废物的污染防治要求及相关责任；

（2）制定危险废物管理计划，明确拟转移危险废物的种类、重量（数量）和流向等信息；

（3）建立危险废物管理台账，对转移的危险废物进行计量称重，如实记录、妥善保管转移危险废物的种类、重量（数量）和接受人等相关信息；

（4）填写、运行危险废物转移联单，在危险废物转移联单中如实填写移出人、承运人、接受人信息，转移危险废物的种类、重量（数量）、危险特性等信息，以及突发环境事件的防范措施等；

（5）及时核实接受人贮存、利用或者处置相关危险废物情况；

（6）法律法规规定的其他义务。

移出人应当按照国家有关要求开展危险废物鉴别。禁止将危险废物以副产品等名义提供或者委托给无危险废物经营许可证的单位或者其他生产经营者从事收集、贮存、利用、处置活动。

106　危险废物的承运人应当履行哪些义务？

根据《危险废物转移管理办法》第11条的规定，危险废物的承运人应当履行以下义务：

（1）核实危险废物转移联单，没有转移联单的应当拒绝运输；

（2）填写、运行危险废物转移联单，在危险废物转移联单中如实填写承运人名称、运输工具及其营运证件号，以及运输起点和终点等运输相关信息，并与危险货物运单一并随运输工具携带；

（3）按照危险废物污染环境防治和危险货物运输相关规定运输危险废物，记录运输轨迹，防范危险废物丢失、包装破损、泄漏或者发生突发环境事件；

（4）将运输的危险废物运抵接受人地址，交付给危险废物转移联单上指定的接受人，并将运输情况及时告知移出人；

（5）法律法规规定的其他义务。

107 危险废物的接受人应当履行哪些义务？

根据《危险废物转移管理办法》第 12 条的规定，危险废物的接受人应当履行以下义务：

（1）核实拟接受的危险废物的种类、重量（数量）、包装、识别标志等相关信息；

（2）填写、运行危险废物转移联单，在危险废物转移联单中如实填写是否接受的意见，以及利用、处置方式和接受量等信息；

（3）按照国家和地方有关规定和标准，对接受的危险废物进行贮存、利用或者处置；

（4）将危险废物接受情况、利用或者处置结果及时告知移出人；

（5）法律法规规定的其他义务。

108 危险废物的托运人应当履行哪些义务？

根据《危险废物转移管理办法》第 13 条的规定，危险废物托运人应当履行以下义务：

（1）按照国家危险货物相关标准确定危险废物对应危险货物的类别、项别、编号等，并委托具备相应危险货物运输资质的单位承运危险废物，依法签订运输合同。

（2）采用包装方式运输危险废物的，应当妥善包装，并按照国家有关标准在外包装上设置相应的识别标志。

（3）装载危险废物时，托运人应当核实承运人、运输工具及收运人员是否具有相应经营范围的有效危险货物运输许可证件，以及待转移的危险废物识别标志中的相关信息与危险废物转移联单是否相符；不相符的，应当不予装载。装载采用包装方式运输的危险废物的，应当确保将包装完好的危险废物交付承运人。

109 危险废物转移联单编号中的数字各代表什么？

根据《危险废物转移管理办法》第 15 条的规定，危险废物转移联单实行全国统一编号，编号由十四位阿拉伯数字组成。各个数字所代表的分别是：

第一至四位数字为年份代码；

第五、六位数字为移出地省级行政区划代码；

第七、八位数字为移出地设区的市级行政区划代码；

其余六位数字以移出地设区的市级行政区域为单位进行流水编号。

110 危险废物移出人应当如何运行和管理危险废物联单？

根据《危险废物转移管理办法》第 16 条、第 19 条的规定，移出人每转移一车（船或者其他运输工具）次同类危险废物，应当填写、运行一份危险废物转移联单；每车（船或者其他运输工具）次转移多类危险废物的，可以填写、运行一份危险废物转移联单，也可以每一类危险废物填写、运行一份危险废物转移联单。

使用同一车（船或者其他运输工具）一次为多个移出人转移危险废物的，每个移出人应当分别填写、运行危险废物转移联单。

对不通过车（船或者其他运输工具）且无法按次对危险废物计量的其他

方式转移危险废物的,移出人应当配备计量记录设备,将每天危险废物转移的种类、重量(数量)、形态和危险特性等信息纳入相关台账记录,并根据所在地设区的市级以上地方生态环境主管部门的要求填写、运行危险废物转移联单。

111 危险废物承运人应当如何运行和管理危险废物联单?

根据《危险废物转移管理办法》第17条的规定,承运人采用联运方式转移危险废物的,前一承运人和后一承运人应当明确运输交接的时间和地点。后一承运人应当核实危险废物转移联单确定的移出人信息、前一承运人信息及危险废物相关信息。

112 危险废物接受人应当如何运行和管理危险废物联单?

根据《危险废物转移管理办法》第18条、第19条的规定,危险废物的接受人应当对运抵的危险废物进行核实验收,并在接受之日起5个工作日内通过信息系统确认接受。

运抵的危险废物的名称、数量、特性、形态、包装方式与危险废物转移联单填写内容不符的,接受人应当及时告知移出人,视情况决定是否接受,同时向接受地生态环境主管部门报告。

对不通过车(船或者其他运输工具)且无法按次对危险废物计量的其他方式转移危险废物的,接受人应当配备计量记录设备,将每天危险废物转移的种类、重量(数量)、形态和危险特性等信息纳入相关台账记录,并根据所在地设区的市级以上地方生态环境主管部门的要求填写、运行危险废物转移联单。

113 危险废物移出人、承运人、接受人应当如何保存危险废物联单？

根据《危险废物转移管理办法》第 20 条的规定，危险废物电子转移联单数据应当在信息系统中至少保存 10 年。

因特殊原因无法运行危险废物电子转移联单的，可以先使用纸质转移联单，并于转移活动完成后 10 个工作日内在信息系统中补录电子转移联单。

114 移出人填写危险废物跨省转移申请表时应当提交哪些材料？

根据《危险废物转移管理办法》第 22 条的规定，申请跨省转移危险废物的，移出人应当填写危险废物跨省转移申请表，并提交下列材料：

（1）接受人的危险废物经营许可证复印件；

（2）接受人提供的贮存、利用或者处置危险废物方式的说明；

（3）移出人与接受人签订的委托协议、意向或者合同；

（4）危险废物移出地的地方性法规规定的其他材料。

移出人应当在危险废物跨省转移申请表中提出拟开展危险废物转移活动的时间期限。

115 受理跨省转移危险废物的主管部门如何受理申请材料？

根据《危险废物转移管理办法》第 23 条的规定，对于申请材料齐全、符合要求的，受理申请的省级生态环境主管部门应当立即予以受理；申请材料存在可以当场更正的错误的，应当允许申请人当场更正。申请材料不齐全或者不符合要求的，应当当场或者在 5 个工作日内一次性告知移出人需要补正的全部内容；逾期不告知的，自收到申请材料之日起即为受理。

116 受理跨省转移危险废物的主管部门如何提出初步审核意见?

根据《危险废物转移管理办法》第 24 条的规定,危险废物移出地省级生态环境主管部门应当自受理申请之日起 5 个工作日内,根据移出人提交的申请材料和危险废物管理计划等信息,提出初步审核意见。初步审核同意移出的,通过信息系统向危险废物接受地省级生态环境主管部门发出跨省转移商请函;不同意移出的,书面答复移出人,并说明理由。

117 危险废物跨省转移接受地的主管部门多少日内应当出具是否同意接受的意见?

根据《危险废物转移管理办法》第 25 条的规定,危险废物接受地省级生态环境主管部门应当自收到移出地省级生态环境主管部门的商请函之日起 10 个工作日内,出具是否同意接受的意见,并通过信息系统函复移出地省级生态环境主管部门;不同意接受的,应当说明理由。

118 危险废物跨省移出地的主管部门多少日内应当作出是否批准转移危险废物的决定?

根据《危险废物转移管理办法》第 26 条的规定,危险废物移出地省级生态环境主管部门应当自收到接受地省级生态环境主管部门复函之日起 5 个工作日内作出是否批准转移该危险废物的决定;不同意转移的,应当说明理由。危险废物移出地省级生态环境主管部门应当将批准信息通报移出地省级交通运输主管部门和移入地等相关省级生态环境主管部门和交通运输主管部门。

119 哪些情形下移出人应当重新提出危险废物跨省转移申请?

根据《危险废物转移管理办法》第 28 条的规定,发生下列情形之一的,移出人应当重新提出危险废物跨省转移申请:

(1)计划转移的危险废物的种类发生变化或者重量(数量)超过原批准重量(数量)的;

(2)计划转移的危险废物的贮存、利用、处置方式发生变化的;

(3)接受人发生变更或者接受人不再具备拟接受危险废物的贮存、利用或者处置条件的。

120 批准跨省转移危险废物决定的有效期是多久?

根据《危险废物转移管理办法》第 27 条的规定,批准跨省转移危险废物的决定的有效期为 12 个月,但不得超过移出人申请开展危险废物转移活动的时间期限和接受人危险废物经营许可证的剩余有效期限。

跨省转移危险废物的申请经批准后,移出人应当按照批准跨省转移危险废物的决定填写、运行危险废物转移联单,实施危险废物转移活动。移出人可以按照批准跨省转移危险废物的决定在有效期内多次转移危险废物。

121 对于“危险废物贮存”中的“监测”有哪些一般规定?

《危险废物贮存污染控制标准》对于危险废物的监测仅仅规定“按国家污染源管理要求对危险废物贮存设施进行监测”,此外并无其他要求。

《 般工业固体废物贮存和填埋污染控制标准》对污染物监测的一般规定是:

(1)企业应按照有关法律和《环境监测管理办法》《企业事业单位环境信息公开办法》等规定,建立企业监测制度,制定监测方案,对污染物排放状况及对周边环境质量的影响开展自行监测,并公开监测结果。

（2）企业安装、运维污染源自动监控设备，按照相关法律法规规章及标准的规定执行。

（3）企业应按照环境监测管理规定和技术规范的要求，设计、建设、维护永久性采样口、采样测试平台和排污口标志。

122 对于“危险废物贮存”中的“废水污染物”监测有哪些要求？

《一般工业固体废物贮存和填埋污染控制标准》（GB 18599－2020）对于危险废物贮存中的废水污染物监测提出的要求是：

（1）采样点的设置与采样方法，按 HJ 91（《污水监测技术规范》）的规定执行。

（2）渗滤液及其处理后排放废水污染物的监测频次，应根据废物特性、覆盖层和降水等条件加以确定，至少每月 1 次。废水污染物的监测分析方法按照 GB 8978（《污水综合排放标准》）的规定执行。

123 “危险废物贮存”中的“地下水”监测频次应当符合哪些要求？

《一般工业固体废物贮存和填埋污染控制标准》对于贮存场、填埋场地下水监测频次提出的要求是：

（1）运行期间，企业自行监测频次至少每季度 1 次，每两次监测之间间隔不少于 1 个月，国家另有规定的除外；如周边有环境敏感区应增加监测频次，具体监测点位和频次依据环境影响评价结论确定。当发现地下水水质有被污染的迹象时，应及时查找原因并采取补救措施，防止污染进一步扩散。

（2）封场后，地下水监测系统应继续正常运行，监测频次至少每半年 1 次，直到地下水水质连续 2 年不超出地下水本底水平。

（3）地下水监测因子由企业根据贮存及填埋废物的特性提出，必须具有代表性且能表征固体废物特性。常规测定项目应至少包括：浑浊度、pH 值、溶解性总固体、氯化物、硝酸盐（以 N 计）、亚硝酸盐（以 N 计）。地下水监测因子分析方法按照 GB/T 14848（《地下水质量标准》）执行。

124 对于“危险废物贮存”中的“大气污染物”监测有哪些要求？

《一般工业固体废物贮存和填埋污染控制标准》对于大气监测提出的要求是：

（1）无组织气体排放的监测因子由企业根据贮存及填埋废物的特性提出，必须具有代表性且能表征固体废物特性。采样点布设、采样及监测方法按《大气污染物综合排放标准》的规定执行，污染源下风方向应为主要监测范围。

（2）运行期间，企业自行监测频次至少每季度 1 次。如监测结果出现异常，应及时进行重新监测，间隔时间不得超过 1 周。

（3）企业周边应安装总悬浮颗粒物（TSP）浓度监测设施，并保存 1 年以上数据记录。总悬浮颗粒物（TSP）浓度的测定方法按照《环境空气　总悬浮颗粒物的测定　重量法》执行。

125 对于“危险废物贮存”中的“土壤监测”有哪些要求？

《一般工业固体废物贮存和填埋污染控制标准》对于土壤监测提出的要求是：

（1）贮存场、填埋场投入使用之前，企业应监测土壤本底水平。

（2）应布设 1 个土壤监测对照点，对照点应尽量保证不受企业生产过程影响，对照点作为土壤背景值。

（3）依据地形特征、主导风向和地表径流方向，在可能产生影响的土壤环境敏感目标处布设土壤监测点。

（4）运行期间，土壤监测点的自行监测频次一般每 3 年 1 次，采样深度根据可能影响的深度适当调整，以表层土壤为重点采样层。

(5)土壤监测因子由企业根据贮存及填埋废物的特性提出,必须具有代表性且能表征固体废物特性。土壤监测因子的分析方法按照 GB 36600(《土壤环境质量　建设用地土壤污染风险管控标准(试行)》)的规定执行。

126 “危险废物焚烧单位”在“环境监测”方面应当符合哪些一般要求?

《危险废物焚烧污染控制标准》对于危险废物焚烧单位提出的环境监测一般要求是:

(1)危险废物焚烧单位应依据有关法律、《环境监测管理办法》和 HJ 819(《排污单位自行监测技术指南　总则》)等规定,建立企业监测制度,制订监测方案,对污染物排放状况及其对周边环境质量的影响开展自行监测,保存原始监测记录,并公布监测结果。

(2)焚烧设施安装污染物排放自动监控设备,应依据有关法律和《污染源自动监控管理办法》的规定执行。

(3)本标准实施后国家发布的污染物监测方法标准,如适用性满足要求,同样适用于本标准相应污染物的测定。

127 “危险废物焚烧单位”应当如何对“大气污染物”进行监测?

《危险废物焚烧污染控制标准》对大气污染物监测提出的要求是:

(1)应根据监测大气污染物的种类,在规定的污染物排放监控位置进行采样;有废气处理设施的,应在该设施后检测。排气筒中大气污染物的监测采样应按 GB/T 16157、HJ 916、HJ/T 397、HJ/T 365 或 HJ 75 的规定进行。

(2)对大气污染物中重金属类污染物的监测应每月至少 1 次;对大气污染物中二噁英类的监测应每年至少 2 次,浓度为连续 3 次测定值的算术平均值。

(3)大气污染物浓度监测应采用大气污染物浓度测定方法所列的测定

方法。

(4)焚烧单位应对焚烧烟气中主要污染物浓度进行在线自动监测,烟气在线自动监测指标应为1小时均值及日均值,且应至少包括氯化氢、二氧化硫、氮氧化物、颗粒物、一氧化碳和烟气含氧量等。在线自动监测数据的采集和传输应符合HJ 75和HJ 212的要求。

128 "危险废物焚烧单位"应当如何开展"水污染物"等其他监测?

《危险废物焚烧污染控制标准》对水污染物监测等提出的要求是:

(1)水污染物的监测按照GB 8978(《污水综合排放标准》)和HJ 91.1(《污水监测技术规范》)规定的测定方法进行。

(2)应按照国家和地方有关要求设置废水计量装置和在线自动监测设备。

(3)热灼减率的监测应每周至少1次,样品的采集和制备方法应按照HJ/T 20(《工业固体废物采样制样技术规范》)执行,测试步骤参照HJ 1024(《固体废物 热灼减率的测定 重量法》)执行。

(4)焚烧炉运行工况在线自动监测指标应至少包括炉膛内热电偶测量温度。

129 "危险废物填埋单位"的"环境监测"应当符合哪些一般要求?

《危险废物填埋污染控制标准》的环境监测应当符合以下一般要求:

(1)企业应按照有关法律和排污单位自行监测技术指南等规定,建立企业监测制度,制定监测方案,对污染物排放状况及其对周边环境质量的影响开展自行监测,保存原始监测记录,并公布监测结果。

(2)企业安装污染物排放自动监控设备的要求,按有关法律和《污染源自动监控管理办法》的规定执行。

(3)企业应按照环境监测管理规定和技术规范的要求,设计、建设、维护永久性采样口、采样测试平台和排污口标志。

130 “危险废物填埋单位”应当如何对“柔性填埋场渗漏检测层”监测?

《危险废物填埋污染控制标准》对柔性填埋场渗漏检测层监测提出的要求是:

(1)渗漏检测层集水池可通过自流或设置排水泵将渗出液排出,排水泵的运行水位需保证集水池不会因为水位过高而回流至检测层。

(2)运行期间,企业应对渗漏检测层每天产生的液体进行收集和计量,监测通过主防渗层的渗滤液渗漏速率,频率至少一星期一次。

(3)封场后,应继续对渗漏检测层每天产生的液体进行收集和计量,监测通过主防渗层的渗滤液渗漏速率,频率至少一月一次;发现渗漏检测层集水池水位高于排水泵的运行水位时,监测频率需提高至一星期一次;当到达设计寿命期后,监测频率需提高至一星期一次。

(4)当监测到的渗滤液渗漏速率大于可接受渗漏速率限值时,企业应当按照《危险废物填埋污染控制标准》第9.4条的相关要求执行。

(5)分区设置的填埋场,应分别监测各分区的渗滤液渗漏速率,并与各分区的可接受渗漏速率进行比较。

(6)根据填埋运行的情况,企业应对柔性填埋场稳定性进行监测,监测方法和频率按照CJJ 176(《生活垃圾卫生填埋场岩土工程技术规范》)要求执行。

(7)企业应对柔性填埋场内的渗滤液水位进行长期监测,监测频率至少为每月一次。对渗滤液导排管道要进行定期检测和清淤,频率至少为每半年一次。

131 “危险废物填埋单位”应当如何对“水污染物”进行监测?

根据《危险废物填埋污染控制标准》的规定,“危险废物填埋单位”应当按照以下要求开展水污染物监测:

(1)采样点的设置与采样方法,按 HJ/T 91(《地表水和污水监测技术规范》)的规定执行。

(2)企业对排放废水污染物进行监测的频次,应根据填埋废物特性、覆盖层和降水等条件加以确定,至少每月一次。

(3)填埋场排放废水污染物浓度测定方法采用废水污染物浓度测定方法标准所列的方法标准。如国家发布新的监测方法标准且适用性满足要求,同样适用于废水污染物浓度测定方法标准所列污染物的测定。

132 “危险废物填埋单位”如何开展“大气监测”?

根据《危险废物填埋污染控制标准》的规定,“危险废物填埋单位”应当按照以下要求开展大气监测:

(1)采样点布设、采样及监测方法按照 GB 16297(《大气污染物综合排放标准》)的规定执行,污染源下风方向应为主要监测范围。

(2)填埋场运行期间,企业自行监测频率为每个季度至少一次。如监测结果出现异常,应及时进行重新监测,间隔时间不得超过一星期。

133 企业可以建立哪些“危险废物管理制度”?

企业可以根据自身管理危险废物的需要,建立不同的制度。

危险废物基本管理制度包括以下几个方面:

(1)危险废物污染防治责任制度;

(2)危险废物识别标志制度;

(3)危险废物申报登记制度;

(4)危险废物分类收集制度;

(5)危险废物转移联单制度;

(6)危险废物经营许可证制度;

(7)危险废物管理计划备案制度;

(8)危险废物事故防范措施和应急预案备案制度。

企业还可以根据自身需要,建立以下危险废物管理制度:

(1)危险废物设备管理制度;

(2)危险废物贮存设施管理制度;

(3)危险废物业务培训制度;

(4)危险废物风险控制制度。

第五章　危险废物风险管理

本章介绍了因危险废物的不同违法情形所产生的不同法律责任，也即法律风险，同时介绍了处理危险废物法律风险的策略和方法。

134 “危险废物法律责任”的形式分为哪些种类？

当行为人实施了涉及危险废物的法律行为，就应当承担相应的法律责任。

法律责任包括行政责任、刑事责任和民事责任。

行政责任，包括罚款、拘留，责令限产、停产，责令停业关闭等。行政责任是危险废物管理中最常见的法律责任。

刑事责任，包括有期徒刑、罚金等。企业涉及的危险废物犯罪，大部分是单位犯罪。构成单位犯罪，不但有关责任人应当承担刑事责任，企业也要承担刑事责任。企业承担刑事责任的方式是罚金。

民事责任，包括停止侵害、赔偿经济损失等。企业涉及危险废物的民事责任，既可能因为原告提起民事诉讼而发生，也可能在刑事诉讼过程中由公诉机关或者有关组织提起。

135 擅自“倾倒、堆放”危险废物应当承担什么行政责任?

《固体废物污染环境防治法》第 112 条规定,“擅自倾倒、堆放危险废物的”,由生态环境主管部门责令改正,处所需处置费用 3 倍以上 5 倍以下的罚款,所需处置费用不足 20 万元的,按 20 万元计算处以罚款,没收违法所得;情节严重的,报经有批准权的人民政府批准,可以责令停业或者关闭。

136 擅自“倾倒、堆放”危险废物会承担刑事责任吗?

根据最高人民法院、最高人民检察院《关于办理环境污染刑事案件适用法律若干问题的解释》第 1 条第 2 项的规定,实施《刑法》第 338 条规定的行为,非法倾倒、处置危险废物 3 吨以上的,应当认定为“严重污染环境”。根据该解释第 3 条第 2 项的规定,实施《刑法》第 338 条、第 339 条规定的行为,非法倾倒危险废物 100 吨以上的,应当认定为“后果特别严重”。

根据《刑法》第 338 条的规定,违反国家规定,倾倒危险废物,严重污染环境的,处 3 年以下有期徒刑或者拘役,并处或者单处罚金;情节严重的,处 3 年以上 7 年以下有期徒刑,并处罚金。

根据《刑法》第 339 条第 1 款的规定,违反国家规定,将境外的固体废物进境倾倒、堆放的,处 5 年以下有期徒刑或者拘役,并处罚金;造成重大环境污染事故,致使公私财产遭受重大损失或者严重危害人体健康的,处 5 年以上 10 年以下有期徒刑,并处罚金;后果特别严重的,处 10 年以上有期徒刑,并处罚金。

根据《刑法》第 339 条第 2 款的规定,未经国务院有关主管部门许可,擅自进口固体废物用作原料,造成重大环境污染事故,致使公私财产遭受重大损失或者严重危害人体健康的,处 5 年以下有期徒刑或者拘役,并处罚金;后果特别严重的,处 5 年以上 10 年以下有期徒刑,并处罚金。

137 非法“贮存”危险废物应当承担什么行政责任?

根据《固体废物污染环境防治法》第 112 条的规定,违反该法规定,实施下列几种“非法贮存”行为,由生态环境主管部门责令改正,处 10 万元以上 100 万元以下的罚款,没收违法所得;情节严重的,报经有批准权的人民政府批准,可以责令停业或者关闭:

(1)未按照国家环境保护标准贮存危险废物的;

(2)将危险废物混入非危险废物中贮存的;

(3)未经安全性处置,混合贮存具有不相容性质的危险废物的。

138 非法“贮存”危险废物会承担刑事责任吗?

《刑法》及相关司法解释并没有规定非法“贮存”危险废物会承担刑事责任。但是,在环境刑事司法实践中,常常有办案机关和人民法院将“非法贮存”认定为“非法倾倒”和“非法处置”。此时,行为人就会承担刑事责任。

139 “将收集、贮存、运输、处置危险废物的场所、设施、设备和容器、包装物及其他物品转作他用”应当承担什么行政责任?

根据《固体废物污染环境防治法》第 112 条的规定,“未经消除污染处理,将收集、贮存、运输、处置危险废物的场所、设施、设备和容器、包装物及其他物品转作他用的”,处 10 万元以上 100 万元以下的罚款,没收违法所得;情节严重的,报经有批准权的人民政府批准,可以责令停业或者关闭。

140 “未采取相应防范措施,造成危险废物扬散、流失、渗漏或者其他环境污染”应当承担什么法律责任?

根据《固体废物污染环境防治法》第 112 条的规定,“未采取相应防范措施,造成危险废物扬散、流失、渗漏或者其他环境污染的”,处所需处置费用3倍以上5倍以下的罚款,所需处置费用不足20万元的,按20万元计算,没收违法所得;情节严重的,报经有批准权的人民政府批准,可以责令停业或者关闭。

141 非法“提供、委托”危险废物应当承担什么行政责任?

根据《固体废物污染环境防治法》第112条第4项的规定,“将危险废物提供或者委托给无许可证的单位或者其他生产经营者从事经营活动的”,由生态环境主管部门责令改正,处所需处置费用3倍以上5倍以下的罚款,所需处置费用不足20万元的,按20万元计算,没收违法所得;情节严重的,报经有批准权的人民政府批准,可以责令停业或者关闭。

142 非法“提供、委托”危险废物会承担民事责任吗?

非法“提供、委托”危险废物,可能会承担民事责任。

《固体废物污染环境防治法》第37条第1款规定:“产生工业固体废物的单位委托他人运输、利用、处置工业固体废物的,应当对受托方的主体资格和技术能力进行核实,依法签订书面合同,在合同中约定污染防治要求。”

《固体废物污染环境防治法》第37条第3款规定:“产生工业固体废物的单位违反本条第一款规定的,除依照有关法律法规的规定予以处罚外,还应当与造成环境污染和生态破坏的受托方承担连带责任。”

根据上述规定,如果单位所提供的危险废物来源于工业生产过程中,并且危险废物的接收方或者“运输、利用、处置”人造成了环境污染,那么,产废单位就应当承担连带民事责任。

143 非法“提供、委托危险废物”会承担刑事责任吗?

非法“提供、委托危险废物”,可能会承担刑事责任。

根据最高人民法院、最高人民检察院《关于办理环境污染刑事案件适用法律若干问题的解释》第 7 条的规定，“明知他人无危险废物经营许可证，向其提供或者委托其收集、贮存、利用、处置危险废物，严重污染环境的，以共同犯罪论处”。

也就是说，明知他人无危险废物经营许可证，向其提供或者委托危险废物的，即使自己没有非法排放、倾倒、处置危险废物，但因为危险废物的接收人或者受托人的行为符合下列情形，危险废物的提供人或者委托人也应承担污染环境罪的刑事责任：

（1）在饮用水水源一级保护区、自然保护区核心区排放、倾倒、处置危险废物的；

（2）非法排放、倾倒、处置危险废物 3 吨以上的；

（3）通过暗管、渗井、渗坑、裂隙、溶洞、灌注等逃避监管的方式排放、倾倒、处置危险废物的。

144 “利用、处置”危险废物会承担刑事责任吗？

根据《刑法》第 338 条及最高人民法院、最高人民检察院《关于办理环境污染刑事案件适用法律若干问题的解释》的规定，“非法处置”危险废物 3 吨以上的，构成污染环境罪。

该解释还规定：无危险废物经营许可证，以营利为目的，从危险废物中提取物质作为原材料或者燃料，并具有超标排放污染物、非法倾倒污染物或者其他违法造成环境污染的情形的行为，应当认定为“非法处置危险废物”。

根据《刑法》第 339 条的规定，违反国家规定，将境外的固体废物（含危险废物）进境倾倒、堆放、处置的，构成非法处置进口的固体废物罪。

145 非法“转移”危险废物应当承担什么行政责任？

根据《固体废物污染环境防治法》的有关规定，非法转移危险废物的，应当承担行政责任的情形包括：

(1)未按照国家有关规定填写、运行危险废物转移联单。

此种情形,由生态环境主管部门责令改正,处10万元以上100万元以下的罚款,没收违法所得;情节严重的,报经有批准权的人民政府批准,可以责令停业或者关闭。

(2)未经批准擅自转移危险废物的。

此种情形,将会受到两种行政处罚:

①由生态环境主管部门责令改正,处10万元以上100万元以下的罚款,没收违法所得;情节严重的,报经有批准权的人民政府批准,可以责令停业或者关闭。

②尚不构成犯罪的,由公安机关对法定代表人、主要负责人、直接负责的主管人员和其他责任人员处10日以上15日以下的拘留;情节较轻的,处5日以上10日以下的拘留。

(3)经中华人民共和国过境转移危险废物的。

此种情形,由海关责令退运该危险废物,处50万元以上500万元以下的罚款。

146 非法"转移、运输危险废物"会承担刑事责任吗?

非法转移、运输危险废物,只承担"被罚款、被拘留"等行政责任。但是,在下列情形下,达到了犯罪标准,则会承担刑事责任:

(1)在转移、运输过程中发生事故,造成环境污染;

(2)在转移、运输过程中,故意排放、倾倒、抛洒危险废物;

(3)在转移、运输完成后,直接或者参与排放、倾倒、填埋危险废物;

(4)转移、运输人就是危险废物的"提供人"或者"委托人"。

147 生态环境部门对于非法"运输危险废物"如何处罚?

根据《固体废物污染环境防治法》的相关规定,下列情形将由生态环境部门处罚:

（1）运输固体废物的单位未依法及时公开固体废物污染环境防治信息的。

此种情形，将由生态环境主管部门责令改正，处5万元以上20万元以下的罚款，没收违法所得；情节严重的，报经有批准权的人民政府批准，可以责令停业或者关闭。（第102条）

（2）未按照规定设置危险废物识别标志的。

（3）未经安全性处置，混合运输具有不相容性质的危险废物的。

（4）将危险废物与旅客在同一运输工具上载运的。

（5）未采取相应防范措施，造成危险废物扬散、流失、渗漏或者其他环境污染的。

上述第2～5种情形，由生态环境主管部门责令改正，处10万元以上100万元以下的罚款，没收违法所得；情节严重的，报经有批准权的人民政府批准，可以责令停业或者关闭。（第112条）

（6）在运输过程中沿途丢弃、遗撒危险废物的。

（7）未制定危险废物意外事故防范措施和应急预案的。

上述第6～7种情形，由生态环境主管部门责令改正，处所需处置费用3倍以上5倍以下的罚款，所需处置费用不足20万元的，按20万元计算，没收违法所得；情节严重的，报经有批准权的人民政府批准，可以责令停业或者关闭。（第112条）

148 道路运输管理机构对于无“道路危险货物运输许可证”运输危险废物的如何处罚？

根据《道路危险货物运输管理规定》第59条的规定，对于“未取得道路危险货物运输许可，擅自从事道路危险货物运输的”，由县级以上道路运输管理机构责令停止运输经营，有违法所得的，没收违法所得，处违法所得2倍以上10倍以下的罚款；没有违法所得或者违法所得不足2万元的，处3万元以上10万元以下的罚款；构成犯罪的，依法追究刑事责任。

运输纳入豁免管理的危险废物，并且符合相应豁免条件的，则不应处罚。

149 公安机关对于非法“运输危险废物”如何处罚?

《固体废物污染环境防治法》没有规定对于“非法运输危险废物”的处罚。但是,如果行为人在运输过程中或者运输结束后实施下列行为,尚不构成犯罪的,将由公安机关对法定代表人、主要负责人、直接负责的主管人员和其他责任人员处10日以上15日以下的拘留;情节较轻的,处5日以上10日以下的拘留:

(1)擅自倾倒、堆放、丢弃、遗撒危险废物,造成严重后果的;

(2)将危险废物提供或者委托给无许可证的单位或者其他生产经营者堆放、利用、处置的;

(3)未经批准擅自转移危险废物的;

(4)未采取防范措施,造成危险废物扬散、流失、渗漏或者其他严重后果的。

150 涉及危险废物的哪些行为,除了罚款还要“拘留”?

根据《固体废物污染环境防治法》第120条的规定,涉及危险废物的以下行为,除了由生态环境部门实施罚款等行政处罚,还应由公安机关实施行政拘留:

(1)在生态保护红线区域、永久基本农田集中区域和其他需要特别保护的区域内,建设危险废物集中贮存、利用、处置的设施、场所的;

(2)将危险废物提供或者委托给无许可证的单位或者其他生产经营者堆放、利用、处置的;

(3)无许可证或者未按照许可证规定从事收集、贮存、利用、处置危险废物经营活动的;

(4)未经批准擅自转移危险废物的;

(5)未采取防范措施,造成危险废物扬散、流失、渗漏或者其他严重后果的。

151 涉及危险废物违法，会“拘留”企业哪些岗位的人员？

根据《固体废物污染环境防治法》第120条的规定，违反该法关于危险废物管理的相关规定，尚不构成犯罪的，由公安机关对法定代表人、主要负责人、直接负责的主管人员和其他责任人员处10日以上15日以下的拘留；情节较轻的，处5日以上10日以下的拘留。

企业的法定代表人、主要负责人、直接负责的主管人员和其他责任人员，分别是指以下人员：

法定代表人，是指营业执照上载明为“法定代表人”的人。

主要负责人，是指本单位负责全面工作的人，也即单位的“一把手”。主要负责人可能与单位的法定代表人是同一个人。

直接负责的主管人员，是指本单位负责相应工作的副职或者中层领导，如环保经理、危险废物销售经理。

其他责任人员，是指负责涉及危险废物相应具体工作的人员。

152 如何“处理”危险废物，肯定会构成犯罪？

最高人民法院、最高人民检察院《关于办理环境污染刑事案件适用法律若干问题的解释》规定，非法“排放、倾倒、处置”危险废物3吨以上的，构成污染环境罪。也就是说，实施针对危险废物的“排放、倾倒、处置”三种处理行为之一，并且达到了3吨以上的，就肯定构成犯罪。

此外，根据最高人民法院、最高人民检察院《关于办理环境污染刑事案件适用法律若干问题的解释》的规定，在“饮用水水源一级保护区、自然保护区核心区”“排放、倾倒、处置”危险废物的，或者“通过暗管、渗井、渗坑、裂隙、溶洞、灌注等逃避监管的方式”“排放、倾倒、处置”的，不管量的多少，都构成污染环境罪。

153 不参与“排放、倾倒、处置”危险废物，也会构成犯罪吗？

最高人民法院、最高人民检察院《关于办理环境污染刑事案件适用法律若干问题的解释》第7条规定：“明知他人无危险废物经营许可证，向其提供或者委托其收集、贮存、利用、处置危险废物，严重污染环境的，以共同犯罪论处。”也就是说，产生危险废物的单位，如果把危险废物交给没有危险废物经营许可证的单位或者个人，并且接受危险废物的一方构成污染环境罪，那么“提供”或者“委托”危险废物的单位，就构成了污染环境罪的共同犯罪。

这与下面的情形有点类似：卖刀人明知道买刀人不具备持刀资格，或者要买刀杀人，并且买刀人杀了人，构成了犯罪，则卖刀人构成杀人犯的共同犯罪。

许多单位的环保经理、总经理、法定代表人虽然没有直接“排放、倾倒、处置”危险废物，却构成了污染环境罪，应当引起企业的高度注意。

154 在环境民事公益诉讼案件中，造成危险废物“环境污染”，将会承担哪些费用？

根据最高人民法院《关于审理环境民事公益诉讼案件适用法律若干问题的解释》的规定，造成危险废物“环境污染”的被告一方，将承担的费用包括：

（1）生态环境修复费用，包括制定、实施修复方案的费用和监测、监管等费用。

（2）生态环境受到损害至修复期间服务功能损失的费用。

（3）检验、鉴定费用，合理的律师费，以及为诉讼支出的其他合理费用。

155 在涉及危险废物的刑事案件中，造成危险废物“环境污染”，将会承担哪些费用？

最高人民法院、最高人民检察院《关于办理环境污染刑事案件适用法律若干问题的解释》规定：

“公私财产损失”，包括实施《刑法》第338条、第339条规定的行为直接造成财产损毁、减少的实际价值，为防止污染扩大、消除污染而采取必要合理措施所产生的费用，以及处置突发环境事件的应急监测费用。

“生态环境损害”，包括生态环境修复费用，生态环境受到损害至修复完成期间服务功能丧失所导致的损失和生态环境功能永久性损害造成的损失，以及其他必要合理费用。

156 哪些涉及危险废物的企业应当投保“危险废物污染责任保险”？

《固体废物污染环境防治法》第99条规定：“收集、贮存、运输、利用、处置危险废物的单位，应当按照国家有关规定，投保环境污染责任保险。”

根据上述规定，只有“收集、贮存、运输、利用、处置”危险废物的单位，才应当按照国家有关规定投保环境污染责任保险；而“产生”危险废物的单位，则无须投保环境污染责任保险。

环境污染责任保险属于强制险，凡是符合条件的单位，必须投保。

157 主管部门扣押废铅蓄电池等有价值的危险废物有无法律依据？

《固体废物污染环境防治法》第27条规定，有下列情形之一，生态环境主管部门和其他负有固体废物污染环境防治监督管理职责的部门，可以对违法收集、贮存、运输、利用、处置的固体废物及设施、设备、场所、工具、物品予以查封、扣押：

(1)可能造成证据灭失、被隐匿或者非法转移的；

(2)造成或者可能造成严重环境污染的。

根据上述规定，生态环境主管部门、公安机关、道路交通运输主管部门、市场监督管理主管部门在行政执法的过程中，都有权对废铅蓄电池等相关物品实施查封、扣押。但是,主管部门应当按照《行政强制法》的规定履行相关程序。

158 “排污许可证”与危险废物有什么关系?

《固体废物污染环境防治法》第 39 条规定:“产生工业固体废物的单位应当取得排污许可证。产生工业固体废物的单位应当向所在地生态环境主管部门提供工业固体废物的种类、数量、流向、贮存、利用、处置等有关资料,以及减少工业固体废物产生、促进综合利用的具体措施,并执行排污许可管理制度的相关规定。”

根据上述规定,产生工业危险废物的单位应当办理排污许可证,并执行排污许可证中关于危险废物的相关规定。

159 “企业并购”应当注意哪些涉及危险废物的法律风险?

企业在并购生产经营型目标企业时,应当注意以下涉及危险废物的问题,并应当控制其带来的法律风险:

(1)目标企业贮存场所现存的危险废物种类、数量;

(2)目标企业设施、设备可能会产生的危险废物的种类、数量;

(3)贮存、转移、处置目标企业危险废物需要的成本;

(4)检查目标企业的危险废物台账及资料,是否存在贮存地点、去向不明的危险废物;

(5)在并购合同中约定有关危险废物的费用承担。

160 遇到危险废物“行政法律风险”,企业应当如何处理?

当企业遇到罚款、责令停业、拘留等行政法律风险,企业可以根据案件所处的时间节点,采取不同的处理措施:

(1)收到责令改正违法行为决定书后,以及收到行政处罚决定前,可以提出陈述、申辩。

(2)收到行政处罚听证告知书后,应当及时申请听证、准备听证、参加听证,分析听证效果。

(3)收到行政处罚决定书后,应当在规定期限内申请行政复议,也可在规定期限内提起行政诉讼。

(4)如果对复议结果不服,应当在规定期限内提起行政诉讼。

161 遇到危险废物"刑事法律风险",应当如何处理?

企业发生危险废物刑事法律风险,一般均因非法提供或者委托他人开展收集、贮存、处置、利用危险废物经营活动引起。此时,企业应当在查明以下事实的基础上,再作出处理:

(1)所提供的是危险废物还是一般工业固体废物。

(2)行为人是否明知对方无危险废物经营许可证。

(3)行为人的行为是个人行为还是单位行为。

(4)涉嫌犯罪的行为涉及哪些人员和部门。

(5)如果办案机关已经委托对危险废物进行司法鉴定,鉴定对象是否与企业提供、委托的废物是同一种物质。

(6)企业是否有能力和资金消除污染、赔偿损失。

第六章　危险废物管理评价

本章介绍了危险废物评价的含义、种类，介绍了政府主管部门评价企业危险废物管理的方法，并为危险废物产生单位和危险废物经营单位提供了自我评价的具体方案（见表6－1、表6－2）。

162　什么是“企业危险废物管理评价”？

企业危险废物管理评价，是指主管危险废物的政府部门、企业自身或者企业委托的第三方机构，对企业的危险废物管理工作现场及有关资料进行核实、查验，并根据既有的评估方案作出评价，发现工作中存在的问题，采取措施改进的专门性工作。

企业危险废物管理评价根据评价主体的不同，分为主管部门评价和企业自我评价。主管部门评价，是企业改进危险废物管理的动因之一，不容企业忽视，但企业应当更加重视企业自我评价。企业自我评价，对于提高企业自身的危险废物管理水平具有非常重要的意义。

163　主管部门如何评价企业的危险废物管理工作？

“十三五”期间，原环境保护部印发了《“十三五”全国危险废物规范化管理督查考核工作方案》和《危险废物规范化管理指标体系》，组织全国开展危险废物规范化管理工作。其中的《危险废物规范化管理指标体系》，是主管部门对企业危险废物管理工作进行评价的核心文件。

2020年修订的《固体废物污染环境防治法》，对危险废物管理计划制度、台账和申报制度、转移制度、经营许可制度、环境应急预案备案制度等提出了新要求。为此，生态环境部办公厅于2021年9月印发了《关于印发〈"十四五"全国危险废物规范化环境管理评价工作方案〉的通知》，其中的表2是针对工业危险废物产生单位的评价打分表格，表3是针对危险废物经营单位的评价打分表格。

主管部门针对企业危险废物管理工作评价的特点是：

（1）内容不但包括对于企业危险废物管理的评价，还包括对于下级主管部门危险废物管理工作的评价。

（2）在对企业危险废物管理工作进行评价后，随之而来是责令企业改正违法行为，甚至对企业作出处罚。

（3）政府危险废物管理评价的重点是发现企业的危险废物管理问题，而不是改进企业的管理工作。

164 企业应当如何评价本单位的危险废物管理工作？

企业可以按照本书后附的《工业危险废物产生单位危险废物管理评价方案》（附录1）和《危险废物经营单位危险废物管理评价方案》（附录2），对本企业的危险废物管理工作开展自我评价。附录1适用于工业危险废物产生单位的危险废物管理评价，附录2适用于危险废物经营单位的危险废物管理评价。医疗废物产生单位可以按照附录1开展评价。

企业评价本单位的危险废物管理工作，可以自己组织人员进行，也可以委托专业律师事务所和其他专业机构进行。如果不担心主管部门发现本企业的危险废物管理问题，也可以委托有经验的执法人员开展评价工作。

165 企业如何改进本单位的危险废物管理工作?

企业必须先组织危险废物管理自我评价,然后才能改进本单位危险废物管理工作。

企业开展危险废物管理自我评价时,应当在评价方案的表格中注明丢分项,待评价完成,开展以下工作:

(1)成立改进领导小组,或者指定专人负责;

(2)列出丢分的项目;

(3)分析丢分的原因;

(4)提出改进的措施;

(5)落实改进需要的资金;

(6)将改进任务分解到责任人;

(7)责任人分别落实;

(8)总结改进情况。

表 6－1　工业危险废物产生单位危险废物管理评价方案

接受评价单位：

评价项目	评价主要内容	分数		评价标准	评价要点	评价方法	备注
		满分	得分				
一、污染环境防治责任制度（《固体废物污染环境防治法》，以下简称《固废法》，第三十六条）	1. 产生工业固体废物的单位应当建立健全工业固体废物产生、收集、贮存、利用、处置全过程的污染环境防治责任制度，采取防治工业固体废物污染环境的措施	2		建立了涵盖全过程的责任制度，负责人明确，各项责任分解清晰；负责人熟悉危险废物环境管理相关法规、制度、标准、规范；制定的制度得到落实，采取了防治工业固体废物污染环境的措施	1. 建立了涵盖全过程的责任制度，负责人明确，各项责任分解清晰；负责人熟悉危险废物环境管理相关法规、制度、标准、规范；制定的制度得到落实；采取了防治工业固体废物污染环境的措施。得 2 分 2. 建立的责任制度未涵盖全过程，但负责人熟悉危险废物环境管理有关制度和本单位的危险废物环境管理情况，且采取了防治工业固体废物污染环境的措施。得 1 分 3. 未建立责任制度，或负责人不熟悉危险废物环境管理有关制度、不熟悉本单位危险废物环境管理情况，或制定的制度未得到落实、环境管理职责不明确，或未采取防治工业固体废物污染环境的措施、现场管理混乱。得 0 分	查阅相关资料（查看相关管理制度）、现场询问、核查	
		1		执行危险废物污染防治责任信息公开制度，在显著位置	1. 在适当场所的显著位置张贴危险废物污染防治责任信息，且张贴信息能够表明危险废物产生环	现场核查	

续表

评价项目	评价主要内容	分数		评价标准	评价要点	评价方法	备注
		满分	得分				
				张贴危险废物污染防治责任信息	节、危害特性、去向及责任人等。得1分 2. 未张贴危险废物污染防治责任信息，或张贴场所位置不明显，张贴信息未能明确表明危险废物产生环节、危害特性、去向或责任人等。得0分		
二、标识制度（《固废法》第七十七条）	2. 危险废物的容器和包装物应当按照规定设置危险废物识别标志	1		依据国家和地方相关标准规范所示标签设置危险废物识别标志	1. 设置了规范的（样式正确、内容填写真实完整）危险废物识别标志。得1分 2. 识别标志样式或填写内容有1处错误。得0.5分 3. 未设置识别标志，或识别标志样式不正确，或填写内容有2处及以上错误。得0分	现场核查	
	3. 收集、贮存、利用、处置危险废物的设施、场所，应当按照规定设置危险废物识别标志	1		依据国家和地方相关标准规范所示标签和警示标志设置危险废物识别标志	1. 在收集、贮存、利用、处置危险废物的设施、场所均设置了规范（形状、颜色、图案均正确）的危险废物识别标志。得1分 2. 上述危险废物环境管理的相关设施、场所识别标志有1处错误。得0.5分 3. 上述危险废物环境管理的相关设施、场所未设置识别标志或识别标志有2处及以上错误。得0分	现场核查	

续表

评价项目	评价主要内容	分数		评价标准	评价要点	评价方法	备注
		满分	得分				
三、管理计划制度(《固废法》第七十八条)	4. 危险废物管理计划包括减少危险废物产生量和降低危险废物危害性的措施,以及危险废物贮存、利用、处置措施	2		制定了危险废物管理计划;内容齐全,危险废物的产生环节、种类、危害特性、产生量、利用处置方式描述清晰	A. 危险废物的产生环节、种类描述清晰 B. 危险废物产生量预测依据充分,且提出了减少产生量的措施 C. 危险废物的危害特性描述准确,且提出了降低危害性的措施 D. 危险废物贮存、利用、处置措施描述清晰 (以上每项符合得0.5分,共2分)	1. 查阅相关资料(查看危险废物管理计划) 2. 比对该企业近3年管理计划,查阅危险废物产生情况是否有较大变动。如有,请企业提供说明材料	
	5. 报产生危险废物的单位所在地生态环境主管部门备案	1		通过国家危险废物信息管理系统报所在地生态环境主管部门备案;内容发生变更时及时变更相关备案内容	1. 经所在地生态环境主管部门备案,并可提供相关备案证明材料;管理计划内容发生变更时及时变更相关备案内容。得1分 2. 未报所在地生态环境主管部门备案,或未能提供相关证明材料,或内容有变更未及时变更相关备案内容。得0分	查阅相关资料(由企业提供已经备案的证明材料)	
四、排污许可制度(《固废法》第三十九条)	6. 产生工业固体废物的单位应当取得排污许可证	2		依法取得排污许可证并按证排污	1. 依法取得排污许可证,许可证中按照技术规范对工业固体废物提出明确环境管理要求,对工业固体废物的贮存、自行利用处置和委托外单位利用处置符合许可证要求,按要求及时提交台账记录和执行报告。得2分	查阅相关资料、现场核查	

续表

评价项目	评价主要内容	分数		评价标准	评价要点	评价方法	备注
		满分	得分				
					2. 依法取得排污许可证，对工业固体废物的贮存、自行利用处置和委托外单位利用处置符合许可证要求，但未按要求及时提交台账记录和执行报告。得 1 分 3. 未依法取得排污许可证，或依法取得了排污许可证，但对工业固体废物的贮存、自行利用处置和委托外单位利用处置不符合许可证要求，未及时提交台账记录和执行报告。得 0 分		
五、台账和申报制度（《固废法》第七十八条）	7. 按照国家有关规定建立危险废物管理台账，如实记录有关信息	6		如实记录；内容齐全；能提供证明材料，证明所记录数据的真实性和合理性	1. 全面、准确地记录了危险废物产生、入库、出库、自行利用处置等各环节危险废物在企业内部流转情况；且可提供各环节台账记录表等证明材料。得 6 分 2. 记录内容中存在 2 处及以下错误。得 3 分 3. 不记录或虚假记录的，或记录内容中存在 2 处以上错误。得 0 分	1. 核对产生、入库、出库、利用处置等各环节数据的逻辑关系 2. 危险废物管理台账同转移联单、经营单位管理台账进行核对 3. 若不同环节间数据存在因挥发等因素造成的数据偏差，判断是否在合理范围内	

续表

评价项目	评价主要内容	分数		评价标准	评价要点	评价方法	备注
		满分	得分				
	8. 通过国家危险废物信息管理系统向所在地生态环境主管部门如实申报危险废物的种类、产生量、流向、贮存、处置等有关资料	4		如实申报;内容齐全;能提供证明材料,证明所申报数据的真实性和合理性	1. 全面、准确地申报了危险废物的种类、产生量、流向、贮存、利用、处置情况;且可提供证明材料(如危险废物管理台账、环评文件、竣工验收文件、危险废物转移联单、危险废物利用处置合同、财务数据等)。得 4 分 2. 申报内容中存在 2 处及以下错误。得 2 分 3. 不报或虚报、漏报、瞒报危险废物的,或申报内容中关于危险废物的种类、产生量、流向、贮存、利用和处置情况存在 2 处以上错误。得 0 分	1. 至少抽选 2 种产生量大的危险废物,核实产生、贮存、转移、利用、处置全过程流向的合规合理性 2. 查阅相关资料(由企业提供已经申报登记的证明材料和相应的其他证明材料) 3. 比对该企业近 3 年申报资料,查阅危险废物产生情况是否有较大变动。如有,请企业提供说明材料	
六、源头分类制度(《固废法》第八十一条)	9. 按照危险废物特性分类进行收集	2		危险废物按种类分别收集、贮存	A. 所有危险废物产生环节均按种类分别收集 B. 危险废物按种类分别存放,不同废物间有明显间隔 以上每项符合得 1 分,共 2 分 (此条评价企业内部收集时的源头分类)	1. 按照生产工艺流程,现场核查所有危险废物产生环节分类收集情况 2. 现场核查厂区内(不仅限于贮存设施)危险废物存放情况	

续表

评价项目	评价主要内容	分数		评价标准	评价要点	评价方法	备注
		满分	得分				
七、转移制度(《固废法》第三十七条、第八十二条)	10. 产生工业固体废物的单位委托他人运输、利用、处置工业固体废物的,应当对受托方的主体资格和技术能力进行核实,依法签订书面合同,在合同中约定污染防治要求	5		核实受托方的主体资格和技术能力	A. 对受托方的主体资格和技术能力进行核实,且可提供证明材料 B. 及时核对受托方收集、利用或者处置相关危险废物情况,且可提供证明材料 (以上每项符合得 2.5 分,共 5 分)	1. 查阅相关资料(如受托方危险废物经营许可证及其附件的复印件等) 2. 实地或电话同受托方核实,包括转移联单同产废单位的台账核实;转移联单同经营单位的经营管理台账核实	
	11. 转移危险废物的,按照危险废物转移有关规定,如实填写、运行转移联单	4		按照实际转移的危险废物,如实填写、运行危险废物转移联单	1. 转移危险废物的,按照危险废物转移有关规定通过国家危险废物信息管理系统如实填写、运行电子联单。得 4 分 2. 联单填写不规范,存在 2 处及以下错填、漏填等情况。得 2 分。 3. 未运行联单擅自转移危险废物或联单填写存在错填、漏填在 2 处以上。得 0 分	1. 现场查看转移联单,并结合台账记录、环评文件等材料进行核对 2. 至少抽选 2 种转移量大的危险废物,核实产生、贮存、转移、利用、处置全过程流向的合规合理性	
	12. 跨省、自治区、直辖市转移危险废物的,应当向危险废物移出地省、自治区、直辖市人民政府生态环境主管部门申请	2		向移出地省级生态环境主管部门申请并获得批准	1. 跨省、自治区、直辖市转移危险废物的,在转移危险废物前向移出地省级生态环境主管部门申请并得到批准。得 2 分 2. 未获得省级生态环境主管部门批准,擅自转移危险废物。得 0 分	查阅相关资料(查看批准证明)	

续表

评价项目	评价主要内容	分数		评价标准	评价要点	评价方法	备注
		满分	得分				
八、环境应急预案备案制度（《固废法》第八十五条）	13. 依法制定意外事故的环境污染防范措施和应急预案	1		有意外事故应急预案（综合性应急预案有危险废物相关篇章或有危险废物专门应急预案）	A. 应急预案有明确的管理机构及负责人 B. 有意外事故的情形及相应的处理措施 C. 有应急预案中要求配置的应急装备及物资 D. 内部及外部环境发生改变时，及时对应急预案进行修订 1. 制定了环境应急预案且达到以上全部要求。得 1 分 2. 未制定环境应急预案，或制定的环境应急预案不能达到上述 2 项以上要求。得 0 分	查阅相关资料（查看环境应急预案）、现场核查	
	14. 向所在地生态环境主管部门和其他负有固体废物污染环境防治监督管理职责的部门备案	1		在所在地生态环境主管部门和其他负有固体废物污染环境防治监督管理职责的部门备案	1. 环境应急预案报所在地生态环境主管部门和其他负有固体废物污染环境防治监督管理职责的部门备案，有相关证明材料。得 1 分 2. 未备案或无相关证明材料。得 0 分	查阅相关资料（查看备案证明）	
	15. 按照预案要求定期组织应急演练	2		按照预案要求定期组织环境应急演练	对于危险废物年产生量在 10 吨以下的企业： 1. 有图片、文字或视频记录。得 2 分	查阅相关资料（查看环境应急预案演练记录）、现场询问	

续表

评价项目	评价主要内容	分数		评价标准	评价要点	评价方法	备注
		满分	得分				
					2. 无任何记载或不能够证明组织了环境应急演练。得 0 分 对于危险废物年产生量 10 吨（含）以上的企业，以下每项要求符合得 0.5 分；未组织环境应急演练的得 0 分： A. 有详细的演练计划 B. 有演练的图片、文字或视频记录 C. 有演练后的总结材料 D. 参加演练人员熟悉意外事故的环境污染防范措施		
九、贮存设施环境管理（《固废法》第十七条、第十八条、第七十九条）	16. 依法进行环境影响评价，完成“三同时”验收	2		有环评材料，并完成“三同时”验收	1. 环境影响评价文件对全部危险废物贮存设施进行了评价，且完成了“三同时”验收或在验收期限内。得 2 分 2. 环境影响评价文件对全部危险废物贮存设施进行了评价，但未完成“三同时”验收。得 1 分 3. 环境影响评价文件对部分危险废物贮存设施进行了评价，且完成了“三同时”验收或在验收期限内。得 1 分 4. 环境影响评价文件未对危险废	查阅相关资料（查看环评材料及批复、验收报告等）	

续表

评价项目	评价主要内容	分数		评价标准	评价要点	评价方法	备注
		满分	得分				
					物贮存设施进行评价或危险废物实际贮存方式与环境影响评价文件不一致。得0分		
	17. 按照国家有关规定和环境保护标准要求贮存危险废物	10		符合《危险废物贮存污染控制标准》的有关要求	A. 符合《危险废物贮存污染控制标准》一般要求，按照危害特性分类贮存危险废物、未混合贮存性质不相容且未经安全性处置的危险废物、具备防渗漏功能或采取相应措施等 B. 符合《危险废物贮存污染控制标准》贮存容器有关要求，装载危险废物的容器完好无损等 C. 符合《危险废物贮存污染控制标准》污染物排放有关要求，危险废物贮存过程产生的各种污染物满足国家污染物排放（控制）标准等要求 D. 符合《危险废物贮存污染控制标准》监测有关要求，按照有关规定开展自行监测等 （以上每项符合得2.5分，共10分）	现场核查厂区内（不仅限于贮存设施）危险废物存放情况，重点核查是否存在随意堆存、与一般工业固体废物掺混等情形	

续表

评价项目	评价主要内容	分数		评价标准	评价要点	评价方法	备注
		满分	得分				
十、信息发布（《固废法》第二十九条）	18. 产生固体废物的单位，应当依法及时公开固体废物污染环境防治信息，主动接受社会监督	1		依法及时公开危险废物污染环境防治信息	1. 通过企业网站等途径依法公开当年危险废物污染环境防治信息。得 1 分 2. 未依法公开当年危险废物污染环境防治信息。得 0 分	查阅相关资料	
十一、利用设施环境管理（《固废法》第十七条、第十八条、第十九条、第七十九条）	19. 依法进行环境影响评价，完成“三同时”验收	2		有环评材料，并完成“三同时”验收	1. 环境影响评价文件对全部危险废物利用设施进行了评价，且完成了“三同时”验收或在验收期限内。得 2 分 2. 环境影响评价文件对全部危险废物利用设施进行了评价，但未完成“三同时”验收。得 1 分 3. 环境影响评价文件仅对部分危险废物利用设施进行了评价，且完成了“三同时”验收或在验收期限内。得 1 分 4. 环境影响评价文件未对危险废物利用设施进行评价或危险废物实际利用方式与环境影响评价文件不一致。得 0 分	查阅相关资料（查看环评材料及批复、验收报告等）	

续表

评价项目	评价主要内容	分数		评价标准	评价要点	评价方法	备注
		满分	得分				
	20. 定期对利用设施污染物排放进行环境监测，并符合相关标准要求	2		监测点位、指标及频次符合要求，有定期环境监测报告，并且污染物排放符合相关标准要求	1. 按照有关法律和排污单位自行监测技术指南等规定，建立企业监测制度，制定监测方案，且近一年内按照监测方案要求的监测点位、监测指标和监测频次对自行利用设施污染物排放情况进行了监测，有环境监测报告，并且污染物排放符合执行标准。得 2 分 2. 近一年内有环境监测报告，并且污染物排放符合执行标准，但监测点位不符合要求或监测指标、频次不足。得 1 分 3. 近一年内未对污染物排放情况进行监测，或污染物超标排放。得 0 分 （企业可根据自身条件和能力，利用自有人员、场所和设备自行监测；也可委托其他有资质的检测或监测机构代其开展自行监测）	查阅相关资料（对照相关标准查看环境监测报告）、现场核查	
	21. 危险废物资源化利用过程符合环境保护要求	6		危险废物资源化产物符合《固体废物鉴别标准　通则》相关要求	满足以下条件之一的，得 6 分： A. 危险废物资源化产物生产过程中排放到环境中的有害物质限值和该产物中有害物质的含量限值，符合国家相关污染物排放		

续表

评价项目	评价主要内容	分数		评价标准	评价要点	评价方法	备注
		满分	得分				
					（控制）标准或技术规范要求，并提供证明材料 B. 当没有国家污染控制标准或技术规范时，危险废物资源化产物中所含有害成分含量不高于利用被替代原料生产的产品中的有害成分含量，并且在该产物生产过程中，排放到环境中的有害物质浓度不高于利用所替代原料生产产品过程中排放到环境中的有害物质浓度，并提供证明材料	查阅相关资料（相关标准或技术规范、污染物排放监测报告、有害物质含量检测报告）	
十二、处置设施环境管理（《固废法》第十七条、第十八条、第十九条、第七十九条）	22. 依法进行环境影响评价，完成“三同时”验收	2		有环评材料，并完成“三同时”验收	1. 环境影响评价文件对全部危险废物处置设施进行了评价，且完成了“三同时”验收或在验收期限内。得 2 分 2. 环境影响评价文件对全部危险废物处置设施进行了评价，但未完成“三同时”验收。得 1 分 3. 环境影响评价文件仅对部分危险废物处置设施进行了评价，且完成了“三同时”验收或在验收期限内。得 1 分 4. 环境影响评价文件未对危险废物处置设施进行评价或危险废物	查阅相关资料（查看环评材料及批复、验收报告等）	

续表

评价项目	评价主要内容	分数		评价标准	评价要点	评价方法	备注
		满分	得分				
					实际处置方式与环境影响评价文件不一致。得 0 分		
	23. 符合运行环境管理要求	6		运行要求符合相关标准规范	以焚烧、填埋、水泥窑等方式自行处置危险废物的运行要求符合国家和地方相关标准规范（如《危险废物焚烧污染控制标准》《危险废物填埋污染控制标准》《水泥窑协同处置固体废物污染控制标准》等）。得 6 分。根据实际情况，酌情打分	查阅相关资料、现场核查	
	24. 定期对处置设施污染物排放进行环境监测，并符合相关标准要求	2		监测点位、指标及频次符合要求，有定期环境监测报告，并且污染物排放符合相关标准要求	1. 按照有关法律和排污单位自行监测技术指南等规定，建立企业监测制度，制定监测方案，且近一年内按照监测方案要求的监测点位、监测指标和监测频次对自行处置设施污染物排放情况进行了监测，有环境监测报告，并且污染物排放符合执行标准。得 2 分 2. 近一年内有环境监测报告，并且污染物排放符合执行标准，但监测点位不符合要求或监测指标、频次不足。得 1 分 3. 近一年内未对污染物排放情况进行监测，或污染物超标排放。	查阅相关资料（对照相关标准查看环境监测报告）、现场核查	

续表

评价项目	评价主要内容	分数		评价标准	评价要点	评价方法	备注
		满分	得分				
					得0分 注:企业可根据自身条件和能力,利用自有人员、场所和设备自行监测;也可委托其他有资质的检(监)测机构代其开展自行监测		
十三、环境行政法律风险管理	25.免予承担行政责任	10		按照近三年内案件发生次数及处理结果计分	1.未发生环境罚款等环境行政案件记5分 2.收到一次行政机关的责令改正违法行为决定书,每起案件记-5分 3.收到责令改正违法行为决定书后,申请听证一次记2分,针对一起案件提出了陈述、申辩记1分,在听证过程中提出陈述、申辩不重复计分 4.收到不予行政处罚决定书,或者行政机关确实不再给予行政处罚,记8分 5.对行政处罚决定书申请行政复议记2分,复议机关撤销了行政处罚决定记8分 6.对行政处罚决定书或者复议决定提起行政诉讼记2分,胜诉记8分,部分胜诉记4分	查阅相关案卷、资料	

续表

评价项目	评价主要内容	分数		评价标准	评价要点	评价方法	备注
		满分	得分				
十四、环境刑事法律风险管理	26. 免予承担刑事责任	10		按照近三年内案件发生次数及处理结果计分	1. 未发生环境刑事案件记 5 分 2. 被公安机关作为环境刑事案件立案或者被生态环境部门作为环境刑事案件移送公安机关，每起案件记 -5 分 3. 被公安机关撤销案件、被检察机关作出不起诉决定，或者被人民法院判决无罪，每起案件记 8 分 4. 被人民法院判处免予刑事处罚记 6 分，判处有期徒刑缓期执行记 4 分	查阅相关案卷、资料	
十五、环境民事法律风险管理	27. 免予承担民事责任	10		按照近三年内案件发生次数及处理结果计分	1. 未发生环境民事损害赔偿案件或者环境公益诉讼案件，记 5 分 2. 发生一起，记 -5 分 3. 完全胜诉，每起案件记 8 分；部分胜诉，按胜诉比例乘以 8 计分	查阅相关案卷、资料	
合计		100					

评价人：__________ 评价日期：__________ 评价审核人：__________

备注：评价人包括评价记录人及评价计分人。如果评价项目的评价人不同，应当在备注一栏注明。

表 6－2　危险废物经营单位危险废物管理评价方案

接受评价单位：

评价项目	评价主要内容	分数		评价标准	评价要点	评价方法	备注
		满分	得分				
一、经营许可证制度（《固废法》第八十条）	1. 按照危险废物经营许可证规定从事危险废物收集、贮存、利用、处置等经营活动	4		严格按照危险废物经营许可证规定从事经营活动	1. 严格按照危险废物经营许可证规定从事经营活动。得 4 分 2. 未按照危险废物经营许可证规定从事经营活动。得 0 分 注：以下情形均为未按照危险废物经营许可证规定从事经营活动的行为： A. 不遵守许可证中所注明或附加的条件，不依许可证中所规定的种类、性质、方式、数量、经营时限等条件接受危险废物。 B. 不依取得许可证时规定的条件和要求建设、配备、使用、管理有关设施、设备和配备、培训人员。 C. 在许可证使用期满时，不按规定上缴、注销许可证或申请办理延期手续	查阅相关资料、现场核查（对照所持危险废物经营许可证的相关规定核对是否按要求从事经营活动）	
	2. 危险废物收集许可证持有单位，应当在规定的时限内将收集的危险废物提供或者委托给利用、	1		在规定的时限内将危险废物转移给利用、处置单位	1. 在规定的时限内将收集的危险废物转移给具有相应资质的单位处理，能提供相应的合同、危险废物经营许可证及经营管理台账等相关证明材料，超期的提供发证	查阅相关资料（查看接收合同和接收单位的危险废物经营许可证等相关材料；查看经营管理台账）	

续表

评价项目	评价主要内容	分数		评价标准	评价要点	评价方法	备注
		满分	得分				
	处置单位进行利用或者处置。（仅适用于持危险废物收集经营许可证的单位）				生态环境主管部门同意延期的证明材料。得 1 分 2. 未在规定的时限内将收集的危险废物转移给具有相应资质的单位、且不能提供发证生态环境主管部门同意延期的证明材料，或未提供相应的合同、危险废物经营许可证及经营管理台账等相关证明材料。得 0 分		
二、标识制度（《固废法》第七十七条）	3. 危险废物的容器和包装物应当按照规定设置危险废物识别标志	1		依据国家和地方相关标准规范所示标签设置危险废物识别标志	1. 设置了规范的（样式正确、内容填写真实完整）危险废物识别标志。得 1 分 2. 识别标志样式或填写内容有 1 处错误。得 0.5 分 3. 未设置识别标志或识别标志样式不正确、填写内容有 2 处及以上错误。得 0 分	现场核查	
	4. 收集、贮存、利用、处置危险废物的设施、场所，应当按照规定设置危险废物识别标志	1		依据国家和地方相关标准规范所示标签和警示标志设置危险废物识别标志	1. 在收集、贮存、利用、处置危险废物的设施、场所均设置了规范（形状、颜色、图案均正确）的危险废物识别标志。得 1 分 2. 上述危险废物环境管理的相关设施、场所识别标志有 1 处错误。得 0.5 分	现场核查	

续表

评价项目	评价主要内容	分数		评价标准	评价要点	评价方法	备注
		满分	得分				
					3. 上述危险废物环境管理的相关设施、场所未设置识别标志或识别标志有2处及以上错误。得0分		
三、管理计划制度(《固废法》第七十八条)	5. 危险废物管理计划包括减少危险废物产生量和降低危险废物危害性的措施,以及危险废物贮存、利用、处置措施	2		制定了危险废物管理计划;内容齐全,危险废物的产生环节、种类、危害特性、产生量、利用处置方式描述清晰	A. 危险废物的产生环节、种类描述清晰 B. 危险废物产生量预测依据充分,且提出了减少产生量的措施 C. 危险废物的危害特性描述准确,且提出了降低危害性的措施 D. 危险废物贮存、利用、处置措施描述清晰 以上每项符合得0.5分,共2分	1. 查阅相关资料(查看危险废物管理计划)。 2. 比对该企业近3年管理计划,查阅危险废物产生情况是否有较大变动。如有,请企业提供说明材料	
	6. 报产生危险废物的单位所在地生态环境主管部门备案	1		通过国家危险废物信息管理系统报所在地生态环境主管部门备案;内容发生变更时及时变更相关备案内容	1. 经所在地生态环境主管部门备案,并可提供相关备案证明材料;管理计划内容发生变更时及时变更相关备案内容。得1分 2. 未报所在地生态环境主管部门备案,或未能提供相关证明材料,或内容有变更未及时变更相关备案内容。得0分	查阅相关资料(由企业提供已经备案的证明材料)	

续表

评价项目	评价主要内容	分数		评价标准	评价要点	评价方法	备注
		满分	得分				
四、排污许可制度(《固废法》第三十九条)	7. 产生工业固体废物的单位应当取得排污许可证	2		依法取得排污许可证并按证排污	1. 依法取得排污许可证,许可证中按照技术规范对工业固体废物提出明确环境管理要求,对工业固体废物的贮存、自行利用处置和委托外单位利用处置符合许可证要求,按要求及时提交台账记录和执行报告。得2分 2. 依法取得排污许可证,对工业固体废物的贮存、自行利用处置和委托外单位利用处置符合许可证要求,但未按要求及时提交台账记录和执行报告。得1分 3. 未依法取得排污许可证,或依法取得了排污许可证,但对工业固体废物的贮存、自行利用处置和委托外单位利用处置不符合许可证要求,未及时提交台账记录和执行报告。得0分	查阅相关资料、现场核查	
五、台账和申报制度(《固废法》第七十八条)	8. 通过国家危险废物信息管理系统向所在地生态环境主管部门如实申报危险废物的种类、产生量、流向、贮存、处置等有关资料	4		通过国家危险废物信息管理系统如实申报;内容齐全;能提供证明材料,证明所申报数据的真实性和合理性	1. 全面、准确地申报了危险废物的种类、产生量、流向、贮存、利用、处置情况;且可提供证明材料(如危险废物管理台账、环评文件、竣工验收文件、危险废物转移联单、危险废物利用处置合同、财务数据等)。得4分	1. 至少抽选2种产生量大的危险废物,核实产生、贮存、转移、利用、处置全过程流向的合规合理性。 2. 查阅相关资料(由企业提供已经申报登记的	

续表

评价项目	评价主要内容	分数		评价标准	评价要点	评价方法	备注
		满分	得分				
					2. 申报内容中存在2处及以下错误。得2分 3. 不报或虚报、漏报、瞒报危险废物的，或申报内容中关于危险废物的种类、产生量、流向、贮存、利用和处置情况存在2处以上错误。得0分	证明材料和相应的其他证明材料）。 3. 比对该企业近3年申报资料，查阅危险废物产生情况是否有较大变动。如有，请企业提供说明材料	
六、转移制度（《固废法》第三十七条、第八十二条）	9. 接收、转移危险废物的，按照危险废物转移有关规定，如实填写、运行转移联单	4		按照实际接收、转移的危险废物，如实填写、运行危险废物转移联单	1. 接收、转移危险废物的，按照危险废物转移有关规定通过国家危险废物信息管理系统如实填写、运行电子联单。得4分 2. 联单填写不规范，存在2处及以下错填、漏填等情况。得2分 3. 未运行联单擅自转移危险废物，或联单填写存在错填、漏填在2处以上，或错填危险废物代码以符合其经营范围。得0分	查阅相关资料、现场核查（现场查看转移联单，并与经营情况记录等进行核对）	
	10. 利用处置过程新产生危险废物的单位委托他人运输、利用、处置的，应当对受托方的主体资格和技术能力进行核实，依法签订书面合	5		利用处置过程新产生危险废物需转移给外单位利用或处置的单位，核定受托方的主体资格和技术能力	A. 对受托方的主体资格和技术能力进行核实，且可提供证明材料 B. 及时核对受托方收集、利用或者处置相关危险废物情况，且可提供证明材料 以上每项符合得2.5分，共5分	1. 查阅相关资料（如受托方危险废物经营许可证及其附件的复印件等）。 2. 实地或电话同受托方核实，包括转移联单同产废单位的台账核实；	

续表

评价项目	评价主要内容	分数		评价标准	评价要点	评价方法	备注
		满分	得分				
	同,在合同中约定污染防治要求					转移联单同经营单位的经营管理台账核实	
	11. 跨省、自治区、直辖市转移危险废物的,应当向危险废物移出地省、自治区、直辖市人民政府生态环境主管部门申请	2		向移出地省级生态环境主管部门申请并获得批准	1. 跨省、自治区、直辖市转移危险废物的,在转移危险废物前向移出地省级生态环境主管部门申请并得到批准。得 2 分 2. 未获得省级生态环境主管部门批准,擅自转移危险废物。得 0 分	查阅相关资料(查看批准证明)	
七、环境应急预案备案制度(《固废法》第八十五条)	12. 按照危险废物经营单位编制环境应急预案相关标准规范要求,依法制定了意外事故的环境污染防范措施和应急预案	1		有意外事故应急预案(综合性应急预案有危险废物相关篇章或有危险废物专门应急预案)	A. 应急预案有明确的管理机构及负责人 B. 有意外事故的情形及相应的处理措施 C. 有应急预案中要求配置的应急装备及物资 D. 内部及外部环境发生改变时,及时对应急预案进行了修订 1. 制定了环境应急预案且达到以上全部要求。得 1 分 2. 未制定环境应急预案,或制定的环境应急预案不能达到上述 2 项以上要求。得 0 分	查阅相关资料(查看环境应急预案)、现场核查	

续表

评价项目	评价主要内容	分数		评价标准	评价要点	评价方法	备注
		满分	得分				
	13. 向所在地生态环境主管部门和其他负有固体废物污染环境防治监督管理职责的部门备案	1		在所在地生态环境主管部门和其他负有固体废物污染环境防治监督管理职责的部门备案	1. 环境应急预案报所在地生态环境主管部门和其他负有固体废物污染环境防治监督管理职责的部门备案，有相关的证明材料。得1分 2. 未备案或无相关的证明材料。得0分	查阅相关资料（查看备案证明）	
	14. 按照预案要求每年组织应急演练	2		按照预案要求每年组织环境应急演练	A. 有详细的演练计划 B. 有演练的图片、文字或视频记录 C. 有演练后的总结材料 D. 参加演练人员熟悉意外事故的环境污染防范措施 以上每项符合得0.5分，共2分	查阅相关资料（查看环境应急预案演练记录）、现场询问	
八、贮存设施环境管理（《固废法》第十七条、第十八条、第七十九条、第八十一条）	15. 依法进行环境影响评价，完成“三同时”验收	2		有环评材料，并完成“三同时”验收	1. 环境影响评价文件对全部危险废物贮存设施进行了评价，且完成了“三同时”验收或在验收期限内。得2分 2. 环境影响评价文件对全部危险废物贮存设施进行了评价，但未完成“三同时”验收。得1分 3. 环境影响评价文件仅对部分危险废物贮存设施进行了评价，且完成了“三同时”验收或在验收	查阅相关资料（查看环评材料及批复、验收报告等）	

续表

评价项目	评价主要内容	分数		评价标准	评价要点	评价方法	备注
		满分	得分				
					期限内。得 1 分 4. 环境影响评价文件未对危险废物贮存设施进行评价或危险废物实际贮存方式与环境影响评价文件不一致。得 0 分		
	16. 按照国家有关规定和环境保护标准要求贮存危险废物	4		符合《危险废物贮存污染控制标准》的有关要求	A. 符合《危险废物贮存污染控制标准》一般要求，按照危害特性分类贮存危险废物、未混合贮存性质不相容且未经安全性处置的危险废物、具备防渗漏功能或采取相应措施等 B. 符合《危险废物贮存污染控制标准》贮存容器有关要求，装载危险废物的容器完好无损等 C. 符合《危险废物贮存污染控制标准》污染物排放有关要求，危险废物贮存过程产生的各种污染物满足国家污染物排放（控制）标准等要求 D. 符合《危险废物贮存污染控制标准》监测有关要求，按照有关规定开展自行监测等 以上每项符合得 1 分，共 4 分	现场核查厂区内（不仅限于贮存设施）危险废物存放情况，重点核查是否存在随意堆存、与一般工业固体废物掺混等情形	

续表

评价项目	评价主要内容	分数		评价标准	评价要点	评价方法	备注
		满分	得分				
	17. 贮存期限不超过一年；确需延长贮存期限的，报经颁发许可证的生态环境主管部门批准	1		危险废物贮存不超过一年；超过一年的报经颁发许可证的生态环境主管部门批准	1. 危险废物贮存不超过一年，超过一年的报经颁发许可证的生态环境主管部门批准，提供相应的证明材料。得1分 2. 危险废物贮存超过一年且未获有效批准。得0分	查阅相关资料（查看经营管理台账）、现场核查	
九、利用处置设施环境管理（《固废法》第十七条、第十八条、第十九条、第七十九条、第八十八条）	18. 依法进行环境影响评价，完成“三同时”验收	2		有环评材料，并完成“三同时”验收	1. 环境影响评价文件对全部危险废物利用处置设施进行了评价，且完成了“三同时”验收或在验收期限内。得2分 2. 环境影响评价文件对全部危险废物利用处置设施进行了评价，但未完成“三同时”验收。得1分 3. 环境影响评价文件仅对部分危险废物利用处置设施进行了评价，且完成了“三同时”验收或在验收期限内。得1分 4. 环境影响评价文件未对危险废物利用处置设施进行评价或危险废物实际利用处置方式与环境影响评价文件不一致。得0分	查阅相关资料（查看环评材料及批复、验收报告等）	

续表

评价项目	评价主要内容	分数		评价标准	评价要点	评价方法	备注
		满分	得分				
	19. 符合运行环境管理要求	6		运行要求符合相关标准要求	利用处置危险废物过程符合国家和地方相关标准规范（如《危险废物焚烧污染控制标准》《危险废物填埋污染控制标准》《水泥窑协同处置固体废物污染控制标准》等）。得6分。根据实际情况，酌情打分	查阅相关资料（相关标准或技术规范、污染物排放监测报告）	
	20. 按照有关要求定期对利用处置设施污染物排放进行环境监测，并符合相关标准要求	2		监测点位、指标及频次符合要求，有定期环境监测报告，并且污染物排放符合相关标准要求	1. 按照有关法律和排污单位自行监测技术指南等规定，建立企业监测制度，制定监测方案，且近一年内按照监测方案要求的监测点位、监测指标和监测频次对利用处置设施污染物排放情况进行了监测，有环境监测报告，并且污染物排放符合执行标准。得2分 2. 近一年内有环境监测报告，并且污染物排放符合执行标准，但监测点位不符合要求或监测指标、频次不足。得1分 3. 近一年内未对污染物排放情况进行监测，或污染物超标排放。得0分 注：企业可根据自身条件和能力，利用自有人员、场所和设备自行监测；也可委托其他有资质的检测机构代其开展自行监测	查阅相关资料（对照相关标准查看环境监测报告）、现场核查	

续表

评价项目	评价主要内容	分数		评价标准	评价要点	评价方法	备注
		满分	得分				
	21. 重点危险废物集中处置设施、场所退役前，运营单位应当按照国家有关规定对设施、场所采取污染防治措施	1		退役费用预提；对封场的填埋场采取封闭措施，设置永久性标记	A. 填埋危险废物的设施退役费用列入投资概算或者生产成本，且按照国家和地方要求按时缴纳 B. 危险废物填埋场服役期届满后，按照有关规定对填埋过危险废物的土地采取封闭措施，并在划定的封闭区域设置永久性标记 以上每项符合得 0.5 分，共 1 分	查阅相关资料、现场核查	
	22. 危险废物资源化利用过程符合环境保护要求	6		符合《固体废物鉴别标准　通则》相关要求	满足以下条件之一的，得 6 分： A. 危险废物资源化产物生产过程中排放到环境中的有害物质限值和该产物中有害物质的含量限值，符合国家相关污染物排放（控制）标准或技术规范要求，并提供证明材料 B. 当没有国家污染控制标准或技术规范时，危险废物资源化产物中所含有害成分含量不高于利用被替代原料生产的产品中的有害成分含量，并且在该产物生产过程中，排放到环境中的有害物质浓度不高于利用所替代原料生产产品过程中排放到环境中的有害物质浓度，并提供证明材料	查阅相关资料（相关标准或技术规范、污染物排放监测报告、有害物质含量检测报告）	

续表

评价项目	评价主要内容	分数		评价标准	评价要点	评价方法	备注
		满分	得分				
十、运行环境管理要求（《固废法》第十九条）	23. 危险废物（医疗废物除外）入厂时进行特性分析。在利用处置前对危险废物相关参数进行分析	4		在入场时对所接收的性质不明确的危险废物进行危险特性分析。在利用处置前对危险废物相关参数进行分析	A. 在入场时对所接收的性质不明确的危险废物进行危险特性分析，提供分析报告 B. 在利用处置前对危险废物的相关参数进行分析并记录结果（如在焚烧危险废物前，对危险废物的热值、含氯量、含硫量、重金属含量等相关参数进行分析并记录结果） 以上每项符合得 2 分，共 4 分 注：对于接受种类单一、来源单一、未有性质不明确危险废物的经营单位，该项可不做评价	查阅相关资料（查看分析报告等）	
	24. 定期对利用处置设施、监测设备以及运行设备等进行检查，发现破损，应及时采取措施清理更换，应对环境监测和分析仪器进行校正和维护	1		定期对相关设施进行检查和维护，且运行正常	A. 定期对利用处置设施、监测设备和运行设备进行检查和维护，且运行正常 B. 定期对环境监测和分析仪器进行校正和维护，且检测精准 以上每项符合得 0.5 分，共 1 分	查阅相关资料、现场核查（查看检查和维护记录）	

续表

评价项目	评价主要内容	分数		评价标准	评价要点	评价方法	备注
		满分	得分				
十一、记录和报告经营情况制度(《固废法》第八十条)	25. 按照相关标准规范要求,建立危险废物管理台账,如实记载收集、贮存、利用、处置危险废物的类别、来源去向和有无事故等事项	5		建立了经营管理台账,能如实记载危险废物经营情况	1. 建立了经营管理台账,涵盖了危险废物详细分析记录、接收记录、利用处置记录、新产生危险废物记录(不新产生危险废物的单位除外)、内部检查记录、设施运行及环境监测记录、人员培训记录、事故记录和报告、应急预案演练记录等 9 项内容,且如实记载危险废物经营情况,数据准确。得 5 分 2. 记录簿涵盖的内容每缺失 1 项或数据每错误 1 处,扣 1 分。最多扣 5 分 3. 未建立经营管理台账。得 0 分	查阅相关资料(查看危险废物经营管理台账;依据转移联单抽查若干批危险废物的经营记录情况)	
	26. 通过国家危险废物信息管理系统如实申报危险废物收集、贮存、利用、处置活动情况	2		按时通过国家危险废物信息管理系统如实申报危险废物经营情况	1. 按要求通过国家危险废物信息管理系统如实申报危险废物收集、贮存、利用、处置活动情况,数据真实可靠,可提供相应的证明材料。得 2 分 2. 未按时通过国家危险废物信息管理系统如实申报危险废物收集、贮存、利用、处置活动情况,或存在虚报、漏报、瞒报等情况。得 0 分	查阅相关资料(查看近 3 年危险废物经营情况报告)	

续表

评价项目	评价主要内容	分数		评价标准	评价要点	评价方法	备注
		满分	得分				
	27. 将危险废物管理台账保存10年以上,以填埋方式处置危险废物的管理台账应当永久保存	1		符合保存时限要求	1. 危险废物管理台账保存10年以上(以填埋方式处置危险废物的永久保存)。得1分 2. 危险废物管理台账未保存10年以上(以填埋方式处置危险废物的未永久保存)。得0分	查阅相关资料(查看每年度的危险废物管理台账)	
十二、信息发布(《固废法》第二十九条)	28. 收集、利用、处置固体废物的单位,应当依法及时公开固体废物污染环境防治信息,主动接受社会监督	1		依法及时公开危险废物污染环境防治信息	1. 通过企业网站等途径依法公开当年危险废物污染环境防治信息或向公众开放设施场所。得1分 2. 未依法公开当年危险废物污染环境防治信息。得0分	查阅相关资料	
十三、业务培训(《危险废物经营单位记录和报告经营情况指南》,环境保护部公告2009年第55号)	29. 对本单位工作人员进行培训	4		相关管理人员和从事危险废物收集、运输、贮存、利用和处置等工作的人员掌握国家相关法律法规、规章和有关规范性文件的规定;熟悉本单位制定的危险废物管理规章制度、工作流程和应急预案等各	A. 对管理人员和从事危险废物收集、运输、贮存、利用和处置等工作的人员进行了培训 B. 参加培训人员对危险废物管理制度、相应岗位危险废物管理要求等较熟悉 以上每项符合得2分,共4分	资料检查(查看培训相关材料)、现场询问	

续表

评价项目	评价主要内容	分数		评价标准	评价要点	评价方法	备注
		满分	得分				
				项要求；掌握危险废物分类收集、运输、暂存、利用和处置的正确方法和操作程序			
十四、环境污染责任保险（《固废法》第九十九条）	30. 投保环境污染责任保险	2		按照是否投保计分	投保环境污染责任保险记 2 分，未投保不计分	查看保险合同	
十五、环境行政法律风险管理	31. 免予承担行政责任	10		按照近三年内案件发生次数及处理结果计分	1. 未发生环境罚款等环境行政案件记 5 分 2. 收到一次行政机关的责令改正违法行为决定书，每起案件记 −5 分 3. 收到责令改正违法行为决定书后，申请听证一次记 2 分，针对一起案件提出了陈述、申辩记 1 分，在听证过程中提出陈述、申辩不重复计分 4. 收到不予行政处罚决定书，或者行政机关确实不再给予行政处罚，记 8 分	查阅相关案卷、资料	

续表

评价项目	评价主要内容	分数		评价标准	评价要点	评价方法	备注
		满分	得分				
					5. 对行政处罚决定书申请行政复议记 2 分，复议机关撤销了行政处罚决定记 8 分 6. 对行政处罚决定书或者复议决定提起行政诉讼记 2 分，胜诉记 8 分，部分胜诉记 4 分		
十六、环境刑事法律风险管理	32. 免予承担刑事责任	10		按照近三年内案件发生次数及处理结果计分	1. 未发生环境刑事案件记 5 分 2. 被公安机关作为环境刑事案件立案或者被生态环境部门作为环境刑事案件移送公安机关，每起案件记 –5 分 3. 被公安机关撤销案件、被检察机关作出不起诉决定，或者被人民法院判决无罪，每起案件记 8 分 4. 被人民法院判处免予刑事处罚记 6 分，判处有期徒刑缓期执行记 4 分	查阅相关案卷、资料	

续表

评价项目	评价主要内容	分数		评价标准	评价要点	评价方法	备注
		满分	得分				
十七、环境民事法律风险管理	33. 免予承担民事责任	10		按照近三年内案件发生次数及处理结果计分	1. 未发生环境民事损害赔偿案件或者环境公益诉讼案件，记 5 分。 2. 发生一起，记 −5 分 3. 完全胜诉，每起案件记 8 分；部分胜诉，按胜诉比例乘以 8 计分	查阅相关案卷、资料	
合计		105					

评价人：__________　评价日期：__________　评价审核人：__________

备注：评价人包括评价记录人及评价计分人。如果评价项目的评价人不同，应当在备注一栏注明。